꿈에
눈이 멀어라

시시한 현실 따위 보이지 않게

가난과 실패를 딛고 오직 공부 하나로 꿈을 이룬
곽상빈이 꿈꾸는 청년에게 전하는 이야기

꿈에
눈이 멀어라
시시한 현실 따위 보이지 않게

곽상빈 지음

평단

가난과 실패 속에서 깨달은 공부의 본질

IMF 시대, 아버지의 사업 실패로

가난과 좌절 속을 헤매던 소년.

실업계 고등학교 진학, 세 번의 벤처창업 실패

그리고 공부를 통한 인생 반전.

"공부는 시험을 위한 것이 아니라

인생을 역전하는 가장 효율적인 도구였다."

지금도 새로운 사업과 분야에 도전하며

내가 만들어갈 새로운 세상을 꿈꾼다.

꿈은 전략이다

나는 언제부터인가 세상이 너무 뚜렷하게 보이기 시작했다. 가난이라는 이름의 현실, 실패라는 이름의 상처, 비교라는 이름의 굴레가 너무 선명해서 도망치고 싶었다. 세상의 모든 것이 잿빛으로 보이던 그 시절, 나는 처음으로 눈을 감았다. 눈을 감으니 그제야 꿈이 보였다.

바닥에서 바라본 하늘, 내게는 높기만 한 그곳

IMF 금융위기 한가운데에서 아버지의 사업은 무너졌다. 가난은 어린 내게 너무 빨리 찾아왔다. 초등학생이던 나는 남들보다 일찍 세상을 알았다. 학교가 끝나면 가게에서 아르바이트를 하고, 주말엔 잡지와 게임 시디CD를 팔았다. 책보다 돈이 절실했고, 미래보다 오늘의 끼니가 더 급했다.

공부는 사치였다. '나는 머리가 나빠서 공부엔 소질이 없다'고 스스로를 납득시켰다. 하지만 세상은 그런 나에게도 잔인하게 물었다.

"너는 앞으로 뭘 할 거니?"

그 질문 앞에서 나는 늘 고개를 숙였다. 그러던 어느 날, 내 안의 또 다른 목소리가 속삭였다.

"이대로 살 순 없잖아. 실패에도 전략이 필요해."

그때부터였다. 나는 처음으로 공부를 시작했다. 가진 것도, 배운 것도, 도움 줄 사람도 없었지만 내게는 한 가지가 있었다. 바로 '절박함'이라는 동기 말이다.

세 번의 실패 그리고 한 번의 각성

나는 열아홉 살 때 첫 사업을 시작했다. 홈페이지를 만드는 일이었다. 처음엔 '천재 소년 사업가'라 불렸지만 몇 달도 못 가 폐업했다. 두 번째는 인터넷 쇼핑몰 창업이었다. 또 망했다. 세 번째는 웹솔루션 제작 사업이었지만 이번엔 빚만 남았다. 세 번의 실패 끝에 남은 건 '나 자신을 증명할 수단'이 없다는 절망감이었다. 그때 내 인생의 좌표를 완전히 바꿔놓은 문장을 만났다.

"공부는 가난한 자에게 허락된 마지막 투자다."

나는 그 말을 붙잡았다. 수능을 세 번 보았고, 공인회계사 시험에 세 번 떨어지고 네 번째에 붙었다. 그 뒤로 감정평가사, 손해사정사, 변호사, 경영지도사까지. 수많은 새벽을 공부로 채워가며 '인생 역전'의 방정식을 써 내려갔다. 공부는 내게 단순한 기술이 아니라 존재 증명이었다.

공부는 나를 구원했다

누군가는 말했다. "공부 따위로 인생이 바뀌겠어?" 나는 그 말에 조용히 웃었다. 공부는 내게 '시험 합격'을 주지 않았다. 그 대신 '삶을 설계할 수 있는 능력'을 주었다. 공부는 나를 가르쳤다. 가난을 두려워하지 말고 불확실성을 관리하라고. 세상이 만든 규칙을 외우는 게 아니라 내 인생의 규칙을 직접 쓰라고.

나는 깨달았다. 공부란 세상을 이해하려는 가장 용기 있는 반항이다.

꿈은 전략이다

나는 경제학을 공부하며 '역진귀납법Backward Induction'을 배웠다. 목표를 정하고, 거꾸로 계산해 현재의 행동을 설계하는 방법이다. 그 원리를 인생에 적용했다. 20년 후의 나를 상상했다.

"나는 어떤 일을 하고 있을까?"

그 그림을 완성하자 10년 뒤, 5년 뒤, 1년 뒤의 계획이 보였다. 그리고 지금 이 순간 해야 할 공부가 명확해졌다. 꿈이란 단순한 희망이 아니다. 구체적인 전략이고 실행 가능한 일정표다.

현실은 시시하다, 꿈은 위험하다

세상은 늘 현실을 강요한다.

"그만해라, 이제 되었다."

"그 정도면 잘했다."

하지만 나는 그 말이 싫었다.

현실은 언제나 안전하다. 그렇기에 언제나 지루하다. 나는 안전보다 위험을 택했다. 남들이 미쳤다고 할 만큼 공부했고, 남들이 불가능하다고 할 만큼 꿈을 꾸었다. 시시한 현실 따위는 보이지 않게, 꿈에 눈이 멀어야 한다. 그게 내가 살아온 방식이다.

내 인생의 공식

- 실패는 변수다.
- 공부는 함수다.
- 꿈은 상수다.

내 인생은 이 세 가지로 계산된다. 공부가 내게 준 건 '합격증'이 아니라 '방정식'이었다.

그리고 나는 지금도 그 공식을 검증하며 살아가고 있다. 지금은 이러한 생각으로 변호사이자 회계사, 감정평가사 그리고 금융과 세무를 도구로 삼아 M&A(Merger and Acquisition, 인수합병)로 기업들을 돕는 일까지 아직 할 일이 많다.

나는 평범한 사람이지만 끊임없이 공부하고 실행하는 실천가다. 이 책에서는 화려한 성공담을 말하고 싶지 않다. 그보다는 '한 인간이 어떻게 무너지고 다시 일어나 세상을 설계했는가'를 기록하고 싶다.

내가 쓴 공부법은 단순히 시험 합격의 기술이 아니다. 그것은 삶의 구조를 재설계하는 기술, 꿈을 현실로 전환하는 실천철학이다. 이 책의 모든 페이지는 내 피와 시간으로 쓴 일기장이다. 그 속에는 가난, 실패, 절망 그리고 다시 일어선 내 이야기가 있다.

"꿈에 눈이 멀어라. 시시한 현실 따위 보이지 않게."

그때 그 말은 내게 주문呪文이었고 지금은 나의 신념이다.

나는 오늘도 눈을 감는다. 현실을 잠시 지우고 내가 그리고 싶은 다음 꿈의 선을 또렷하게 보기 위해.

오늘에 집중하라. 오늘이 쌓여 미래가 된다

나는 인생에서 수많은 실패를 경험했다. 창업에 실패했고, 시험에서 떨어졌고, 투자에서도 뜻대로 되지 않은 적이 많았다. 그러나 시간이 지나 돌이켜보면 그 모든 실패보다 더 아팠던 것은 '포기의 순간'이었다. 실패는 시간이 흐르면 희미해지지만, 포기의 기억은 오히려 더 선명해진다. 그때 조금만 더 버텼더라면, 조금만 더 도전했더라면 어땠을까 하는 후회는 세월이 흘러도 사라지지 않는다. 그래서 나는 확신한다. 실패보다 무서운 것은 포기이고, 인생에서 가장 큰 후회는 결국 '시도하지 않은 것'이라는 사실을.

사람들이 도전을 망설이는 이유는 대부분 두려움 때문이다. 불확실한 결과와 실패할 우려가 우리를 주저하게 만든다. 하지만 두려움은 백해무익하다. 그것은 흔들의자와 같아서 계속 움직이는 것 같지만 아무런 진전도 없다. 내가 사업을 처음 시작했을 때 아무리 계획을 세워도 결과는 보이지 않았다. 그때마다 억지로라도 자신감을 만들었다.

"지금 아니면 언제 할 거냐."

그렇게 스스로를 다그쳤다. 때로는 인위적일 만큼 과장된 자신감과 끈질김이 필요하다. 억지로 만든 용기가 진짜 용기를 대신할 때가 있다. 실패는 인생의 일부이지만 두려움에 머무르는 것은 인생의 낭비다.

하고 싶은 일, 가슴 뛰는 일은 앉아서 생각만 한다고 찾아지지 않는다. 책상 앞에서 '내가 진짜 원하는 게 뭘까' 고민만 하던 시절에는 아무것도 보이지 않았다. 그러나 몸으로 부딪치며 배우기 시작하자 세상이 달라졌다. 공부하고, 만나고, 읽고, 듣고, 실패하고, 다시 일어서다 보면 어느 순간 내 안에서 울리는 소리가 들린다. 그게 바로 가슴의 소리다. 소명은 고요한 순간에 오는 게 아니라 사력을 다해 행동한 끝에서 비로소 들려온다.

나는 한때 성공을 잘못 이해했다. 좋은 직함, 높은 수익, 남의 인정을 받는 것이 성공이라고 생각했다. 하지만 이제는 다르게 정의한다. 성공이란 잘못이 없는 삶이 아니라 후회가 없는 삶이다. 교과서적인 길에서 벗어나더라도 내가 진심으로 원한 길이라면 후회가 없다. 남들이 정한 기준이 아니라 내가 스스로 납득할 수 있는 선택의 총합이 성공이다.

그 선택의 과정에서 가장 중요한 것은 집중이다. 성공을 결정짓는 건 얼마나 오래했느냐가 아니라 얼마나 깊이 몰입했느냐이다. 나는 시험공부를 할 때 소음이 가득한 카페에서도 한 페이지를 외우려고 책에서 눈을 떼지 않았다. 집중은 환경의 문제가 아니라 태도의 문제다. 초인적인 집중력이란 결국 '어떤 상황에서도 몰입할 수 있는 힘'이다. 성공은 시간을 얼마나 썼느냐보다 얼마나 밀도 있게 썼느냐에 달려 있다.

나는 또한 해야 할 일보다 하지 말아야 할 일을 더 중요하게 생각한다. 사람들은 해야 할 일을 끝없이 늘려가지만 정작 중요한 일에는 집중하지 못한다. 인생에서 진짜 중요한 것은 세 가지를 넘지 않는다. 그 세 가지를 붙잡으려고 나머지를 과감히 버릴 수 있어야 한다. 집중이란 결국 버림의 기술이다.

"성공은 더 많이 하는 것이 아니라 덜 흔들리는 것이다."

내가 깨달은 진리다.

불안은 대부분 과거에 대한 후회와 미래에 대한 집착에서

온다. 이미 지나간 일을 붙잡고 괴로워하거나 오지도 않은 일을 걱정하는 순간 우리는 현재를 잃는다. 하지만 진정한 변화는 '지금 이 순간'에만 일어난다. 오늘 내가 어떤 행동을 하느냐가 내일을 바꾼다. 그래서 나는 항상 스스로에게 말한다.

"오늘에 집중하라. 오늘이 쌓여 미래가 된다."

인생을 살아오며 나는 한 가지를 확신하게 되었다. 사람은 시도한 만큼 성장하고 버틴 만큼 단단해진다. 실패는 우리를 약하게 만들지 않는다. 포기가 우리를 무너뜨린다.

나는 여전히 도전 중이다. 두려움이 있어도, 불확실해도 후회 없는 인생을 살려고 앞으로 나아간다. 실패는 용기 있는 사람의 흔적이다. 그리고 그 흔적이야말로 내 이야기를 완성하는 가장 인간적인 증거다.

차례

프롤로그 • 6
들어가는 글 • 12

1장 바닥에서 시작된 꿈

IMF의 상처, 초라한 출발 • 23

인사이트 IMF 세대가 배운 첫 번째 경제 수업 • 26

에피소드 1 10원짜리 전단지와 싸대기의 기억 • 27

에피소드 2 빚쟁이의 그림자와 바퀴벌레의 밤 • 29

실패의 의미를 다시 쓰다 • 30

벤처센터에서 첫 창업을 하다 • 33

꿈의 문을 두드리다 • 35

결핍, 라이벌, 실패가 나를 성장시켰다 • 38

인사이트 IT 국제자격증 취득 과정과 그 이유 • 47

2장 공부로 운명을 바꾸다

'공부'라는 투자 관점의 발견 • 55

[참고] 리스크 점검: 나를 점검하는 하루의 시작 • 62

인사이트 반복의 힘-군대에서 배운 집중의 본질 • 66

공부는 머리가 아니라 전략으로 한다 • 68

인사이트 에빙하우스의 망각곡선을 역이용하는 시스템 • 70

오답노트를 사고노트로 • 73

실패의 축적, 합격의 문법 • 79

불합격은 멈춤이 아니라 재정비 시간 • 83

합격은 끝이 아니라 새로운 공부의 시작 • 87

지식으로 세상을 읽는 것의 힘 • 93

에피소드 3 공군 장교 훈련에서 배운 통제의 힘 • 97

인사이트 장교 훈련에서 배운 리더십의 본질 • 103

3장 스펙보다 직업, 직업보다 업(業)

스펙의 허상과 평생직업의 진실 • 109

직업을 설계하다 • 112

직업의 자산화 • 114

인사이트 전문직 3관왕이 바라본 전문직의 미래 • 117

에피소드 4 꿈꾸던 로스쿨 생활과 3년 동안의 인내 • 119

매일 밤을 지새운 '과부하의 시간' • 126

[참고] 내게 대한민국 최대 로펌 김앤장 법률사무소 입사의 의미 • 129

업(業)은 생계가 아니라 사명 • 131

소명을 위한 도박 • 133

M&A 솔루션 기업 WMD 공동설립 • 137

100% 성공보수로 일하는 것의 매력 • 143

4장 역진귀납법으로 인생을 설계하라

경제학으로 꿈을 역산하다 • 151

목표가 분명할수록 합격은 가까워진다 153

인사이트 하루를 24시간 이상으로 사는 방법 • 154

계획의 과학, 실행의 예술 • 157

숫자로 증명해온 삶 • 160

어려움을 극복하는 나만의 노하우 • 165

못하는 것을 포기할 줄 아는 용기 • 169

에피소드 5 고도비만에서 배운 점 • 173

5장 공부, 가난에 복수하는 방법

가난은 가장 강력한 연료다 • 181

인생은 언제나 불공평하다 • 183

결핍이 만들어낸 초집중력 • 187

성공보다 버팀의 미학 • 189

인사이트 인생이 불안하고 작심삼일을 반복하는 청년들에게 • 191

책과 논문을 매년 쓰는 이유 • 196

아직 멈출 수 없는 이유 • 200

에피소드 6 내가 본 탐욕의 위험성 1 • 201

에피소드 7 내가 본 탐욕의 위험성 2 • 204

6장 메타인지와 전략 공부법의 완성

시험의 본질은 무엇일까 • 211

공부는 기술이다-'설명 학습법' • 215

자기 인식의 혁명-메타인지 기반 학습법 • 218

인사이트 인공지능 시대에 살아남으려면 • 220

지식의 투자수익률을 높이는 방법 • 224

메타인지의 완성 • 226

인사이트 주식과 부동산에 투자하는 이유 • 227

7장 꿈에 눈이 멀어라

시시한 현실 따위는 보이지 않게 • 235

인생은 시험의 연속 • 237

인사이트 '감사함'의 힘 • 239

꿈은 끝나지 않는다 • 242

대학교수와 사업가 • 245

결국 사람이 먼저다 • 249

인사이트 내가 유튜브와 사업을 확장하는 이유 • 256

에필로그 • 260

마지막 조언 • 268

1장

바닥에서
시작된 꿈

IMF의 상처, 초라한 출발
어린 시절부터 아르바이트, 장사, 폐업의 연속

내가 아홉 살, 초등학교 2학년 겨울이었다. 그날 저녁 집 안은 이상할 만큼 조용했다. 평소보다 불빛이 어두웠고 아버지는 식탁에서 고개를 숙인 채 한참 아무 말이 없었다. 문 밖에서는 낯선 사람들의 발소리가 들렸다. 딱딱한 구두 굽이 마루 위를 두드리는 듯한 긴장감이 감도는 소리였다. 현관문 너머로 낮고 거친 목소리가 들려왔다.

"사장님 안에 계시죠? 잠깐 얘기 좀 합시다."

엄마가 조용히 내 곁으로 다가와 어깨를 감싸며 말했다.

"괜찮아. 손님이야."

하지만 그날 밤 나는 잠이 오지 않았다. 부엌 쪽에서 어른들이 낮은 목소리로 주고받는 대화가 들렸다. 중간중간

'빚', '정리', '보증' 같은 말이 들렸다. 아직 어렸지만 그 단어들의 무게를 어렴풋이 느낄 수 있었다.

다음 날 새벽, 아버지는 말없이 이삿짐을 꾸렸다. 엄마는 부엌에서 신문지로 냄비를 쌌고, 나는 책가방 속 교과서 위에 낡은 인형 하나를 올려놓았다.

"오늘은 학교 가지 말자."

아버지의 목소리가 평소보다 낮았다.

그날 이후 내 세상은 바뀌었다. 택시를 타고 도착한 곳은 노원구 상계동의 14평짜리 주공아파트였다. 아파트 복도는 오래된 페인트 냄새로 가득했고, 엘리베이터 문이 닫히는 소리가 유난히 메아리쳤다.

그곳에는 할머니가 살고 계셨지만 하나뿐인 방은 이미 세입자가 살고 있었기에 우리 가족 다섯 명은 거실 한 칸을 집처럼 쓰게 되었다. 하지만 그 거실은 정말 좁았다. 낮에는 작은 소파와 텔레비전, 식탁이 있는 평범한 공간이었지만 밤이 되면 이불 다섯 장이 겹겹이 깔렸다. 장판 위에 이불을 펴는 순서도 정해져 있었다. 할머니가 구석을 잡고 그 옆에 동생이 눕고 나는 동생 옆에 붙어 누웠다. 엄마와 아버지는 창문 쪽 가장자리에 자리를 잡았다. 이불 끝이 서로 얽혀 새벽마다 누군가의 다리가 내 다리에 닿곤 했다. 잠결에 들리는 숨소리와 뒤척임이 우리 가족의 밤을 채웠다.

겨울이면 창문에 성에가 하얗게 끼었다. 집 안 공기는 눅

눅했고 빨래는 실내에서 말렸다. 빨래건조대에 걸린 옷에서는 물방울이 똑똑 떨어졌다. 그 물이 장판 위에서 얼어붙는 걸 본 적도 있다. 그때마다 할머니는 부엌에서 작은 목소리로 중얼거리셨다.

"이 추위도 다 지나가겠지."

할머니는 매일 밥을 지으셨다. 좁은 부엌에서 가스불 두 개를 번갈아 켜며 국을 끓이고 반찬 두어 가지를 만들어 식탁 위에 올렸다. 그리고 항상 식사 전에는 두 손을 모아 짧은 기도를 하셨다.

"오늘도 고맙습니다."

그 기도 한마디가 하루를 버티게 하는 주문 같았다.

학교에서는 소식이 금세 퍼졌다. 누군가가 내게 다가와 말했다.

"너네 망했다며?"

그 한마디가 칼처럼 가슴에 박혔다. 나는 아무 말도 하지 못했다. 그날 이후 나는 친구들 사이에서 한 발 물러서기 시작했다. 괜히 눈을 마주치면 그들이 내 속을 다 알 것 같았다.

아버지는 그때부터 막노동판과 아르바이트를 전전하셨다. 새벽에 나가 밤늦게 들어오셨고, 손에는 늘 굳은 시멘트가 묻어 있었다. 겨울엔 손등이 터서 피가 났고, 여름엔 목덜미가 햇빛에 그을려 검게 보였다. 그래도 아버지는 집에 들어오면 항상 같은 말씀을 하셨다.

"괜찮다. 다 괜찮아질 거야."

그 말이 오히려 더 아팠다. 그 말에는 '괜찮지 않다'는 진실이 숨어 있었다.

엄마는 말수가 줄었다. 시장에서 돌아와 장바구니를 내려놓고 말없이 쌀을 씻었다. 그 소리가 유일한 대화였다. 쌀이 씻기는 소리, 밥 짓는 냄새, 텔레비전에서 흘러나오는 낮은 소리. 그게 우리 가족의 하루였다. 그 정적 속에서 나는 어린 나이에 '가난'이 뭔지 배웠다.

인사이트 **IMF 세대가 배운 첫 번째 경제 수업**

1997년, 한국은 국가 부도의 벼랑 끝에 서 있었다. 외환보유액이 바닥나면서 정부는 국제통화기금IMF에 구제금융을 요청했고, 그 대가로 혹독한 구조조정이 시작되었다. '정리해고', '명예퇴직', '워크아웃' 같은 단어들이 신문 1면을 뒤덮었고, 어제까지 양복을 입고 출근하던 아버지들이 오늘은 손에 박스를 들고 퇴근했다.

그 시절 거리의 풍경은 잿빛이었다. 은행마다 파산 안내문이 붙었고, 학원 앞엔 수강 취소 줄이 길게 늘어섰다. 저녁이 되면 아파트 단지마다 불 꺼진 창이 많아졌다. 어른들은 '경제'라는 단어를 두려움의 언어로 말했고, 아이들은 부모의 한숨에서 세상의 냉혹함을 배웠다. 텔레비전에서는 대통령이 금반지를 내놓으며 고개 숙여 말했다.

"국민 여러분, 함께 이 위기를 극복합시다."

그 장면을 보던 나는 어린 마음에 묻고 싶었다.

"왜 어른들이 금을 팔면서 눈물을 흘릴까?"

그게 내 인생의 첫 번째 경제 공부였다. 돈이란 숫자가 아니라 삶의 온도를 바꾸는 힘이라는 걸 그때 처음 배웠다. 그 시절의 가난은 단순히 돈이 없는 게 아니었다. 내일이 올 수 없다는 불안, 다시 시작할 수 없을지 모른다는 두려움이었다. 그래서 IMF 세대의 많은 아이는 어른이 되자마자 '공부'와 '노력'을 생존의 언어로 받아들였다.

그때 나는 깨달았다. 가난은 통장의 잔고로 오는 게 아니라 마음속 희망이 소멸할 때 찾아온다. 그리고 공부는 그 희망을 다시 일으키는 유일한 도구다.

에피소드 1 10원짜리 전단지와 싸대기의 기억

초등학교 3학년 무렵 하늘이 유난히 맑은 날, 학교 앞 문방구 앞에 붙은 A4용지 한 장이 내 눈을 사로잡았다.

"전단지 알바-1장당 10원 지급."

나는 계산을 했다. 100장을 돌리면 1,000원. 그 돈이면 엄마가 늘 아껴 먹던 간장게장을 살 수 있을지도 몰랐다.

집으로 돌아오자마자 가방을 던지고 종이꾸러미를 들고

아파트 단지를 돌기 시작했다. 전단지를 우편함에 꽂고, 현관문 틈에 밀어 넣고, 계단 사이에 끼웠다. 겨울바람이 불 때마다 전단지가 휘날렸고, 손끝은 종이의 모서리에 베였다. 하지만 괜찮았다. 10원을 벌고 있었으니까. 세 번째 동 5층 계단을 돌던 참이었다. 뒤에서 굵은 목소리가 들렸다.

"야! 너 뭐 하냐!"

고개를 돌리자 경비아저씨가 헐레벌떡 뛰어오고 있었다. 나는 놀라 계단을 내려가려 했지만 손목이 거칠게 잡혔다.

"여기서 뭐 하는 거야, 이놈아! 쓰레기 버려놓고!"

"아니에요. 저 돈 받기로 한 전단지 돌리고 있어요."

그 말이 끝나기도 전에 따귀가 후끈했다. 손바닥이 내 볼에 닿는 소리가 아파트 복도에 울렸다. 눈앞이 하얘졌고 전단지 꾸러미는 계단 아래로 흩어졌다. 나는 아무 말도 하지 못하고 계단을 뛰어내려 왔다. 겨울바람이 뺨에 스며들어 따끔거렸다. 그날 저녁 그곳에 가서 흩어진 종잇조각들을 주워 모았다.

집에 돌아와 이불 속에서 울었다. 그때 처음으로 '세상은 억울해도 설명할 수 없는 일로 가득하다'는 걸 배웠다. 그리고 그날 이후 나는 돈의 무게를 조금 알게 되었다.

에피소드 2 빚쟁이의 그림자와 바퀴벌레의 밤

초등학생 시절 우리 다섯 식구는 거실 한 칸에서 함께 살았다. 아침이면 학교에 갈 준비를 하면서 항상 커튼 사이로 바깥을 살폈다. 혹시 빚쟁이들이 있을까 봐. 그리고 골목길을 돌아 학교로 향했다. 학교가 끝나면 반대로 돌아왔다. 정문 앞에는 사람들이 있을까 봐 아파트 옆 담벼락에 붙어서. 그때의 나는 세상에서 제일 빠르게 걷는 아이였다. 그 속도는 도망치는 사람과 같았다.

밤이 되면 또 다른 적과 싸워야 했다. 바로 바퀴벌레였다. 좁은 거실, 싱크대 틈, 쌀통 옆에서 까만 그림자들이 나타났다 사라졌다. 할머니는 신문지로 바닥을 내리쳤고, 나는 그 옆에서 이불을 들고 도망쳤다. 이불 아래로 바퀴벌레가 들어오던 날은 정말 더는 살고 싶지 않았다.

하지만 이상하게 그 속에서도 가족은 웃었다. 할머니는 밥을 지으시며 "그래도 오늘은 따뜻하네" 하셨고, 아버지는 "다 괜찮아질 거야"라고 말했다. 나는 그게 거짓말이라는 걸 알았지만 그 덕분에 버틸 수 있었다. 그때 나는 배웠다. 절망 속에서도 가족의 말 한마디가 사람을 살린다는 것을.

실패의 의미를 다시 쓰다
사업 실패가 곧 공부의 동기였음을 깨닫다

나는 일찍 철이 들었다. '공부는 부자들이나 하는 거야. 나는 돈을 벌어야 해.' 그게 내 머릿속에 박힌 첫 번째 논리였다. 상계동의 좁은 거실에서 공부보다는 생존이 현실이었다.

그래서 시작한 게 홈페이지를 만드는 일이었다. 당시만 해도 홈페이지는 낯선 개념이었지만 초등학교 방과 후 수업으로 홈페이지 제작을 배울 수 있었고 그날로 나는 컴퓨터에 빠져들었다. 낡은 컴퓨터는 자판의 절반이 글자가 지워져 있었다. 그래도 손끝으로 코드를 두드리는 순간, 세상이 조금씩 내 뜻대로 움직이는 것 같은 기분이 들었다.

첫 번째 고객은 동네 학원 원장이었다. '학생이 만든 홈페이지'라는 말에 흥미를 느낀 모양이었다. 며칠 후, 5만 원이든 봉투를 받았을 때 손이 떨렸다. 처음으로 내 손으로 돈을 벌었다는 감각. 그 돈으로 가족에게 줄 붕어빵을 사갔다. 할머니는 말없이 미소를 지으셨다.

그때의 따뜻한 냄새를 아직도 기억한다. 하지만 그 행복은 오래가지 않았다. 고객이 약속한 나머지 돈을 주지 않았다. 계약서도 없었고 증거도 없었다. 나는 그때 처음 '신용'과 '법'이라는 단어의 무게를 느꼈다. 그저 열심히 한다고 세상이 나를 알아주는 게 아니었다. 그래도 포기하지 않았다.

두 번째 사업은 인터넷 헌책방과 쇼핑몰이었다. 학교가 끝나면 헌책방을 돌아다니며 책을 사들이고, 밤에는 방 한구석에 조명을 비춰가며 표지 사진을 찍었다. 홈페이지에 책 정보를 올리고 주문이 오면 직접 포장해 택배로 보냈다.

처음엔 주문이 들어왔고, 기뻤다. 그러나 택배비, 서버비, 카드수수료가 매출을 갉아먹었다. 하루 열두 시간을 일했지만 남은 건 빚뿐이었다. 그때 처음 계산기의 의미를 배웠다. 세상은 '열심히'보다 '계산'을 아는 사람에게 유리하다는 걸.

마지막으로 한 번 더 도전한, 고등학교 3학년 친구들과 함께 만든 데모닉스Demonix IT 솔루션 회사. 하지만 냉정한 현실 속에서 팀원들은 떠나고 나 혼자 남았다. 모니터의 '404 Not Found'라는 문장이 꼭 내 인생을 말하는 것 같았다. 나는 컴퓨터를 끄지 못한 채 한참 화면만 바라봤다.

그날 밤, 상계동의 14평 거실로 돌아와 이불을 덮었다. 이

불 안의 공기는 숨 막히도록 무거웠고, 눈앞에는 실패한 장면들만 스쳐갔다.

"나는 왜 계속 실패할까?"

이 질문이 머릿속을 떠나지 않았다.

나는 며칠 동안 말을 하지 않았다. 할머니가 "괜찮니?" 하고 물었지만 아무 대답도 하지 못했다. 그때 문득 깨달았다. 사업을 세 번 하는 동안 한 번도 공부하지 않았다는 사실을. 돈을 벌려고만 했지 세상이 어떻게 움직이는지, 왜 성공하는 사람과 실패하는 사람이 다른지 단 한 번도 배우려 하지 않았다. 그 깨달음은 전기처럼 나를 관통했다. 그날 밤 나는 결심했다.

"다시는 무지 때문에 무너지지 않겠다."

벤처센터에서 첫 창업을 하다
가출과 '상빈앤컴'

중학교 2학년이 끝나갈 무렵이었다. 학교 공부는 시시했다. 나는 이미 HTML(Hypertext Mark-up Language, 웹 페이지의 구조와 내용을 정의하는 표준 마크업 언어)과 자바스크립트(JavaScript, 객체 기반의 스크립트 프로그래밍 언어)를 다룰 줄 알았고 세상이 교과서보다 훨씬 크다는 걸 알고 있었다. 그런데 부모님은 늘 말씀하셨다.

"쓸데없는 짓 하지 말고 공부나 해라."

그 말이 너무 답답해서 어느 날 새벽 집을 나왔다. 가출이었다.

내가 향한 곳은 부천 원미구 벤처센터였다. 당시 청년 창업자들이 모여 있었다. 나는 그때 내게 도움을 주시던 사장님의 사무실 한 칸을 무료로 빌려 이름을 붙였다.

'상빈앤컴.'

'컴퓨터와 나'라는 뜻이었다.

그리고 다음 카페에서 알게 된 곳이 있다. 바로 쇼핑몰 연합. 낮에는 쇼핑몰 연합의 일을 도왔다. 나를 좋게 보신 사장님의 도움으로 양재동 물류센터에서 택배포장법, 재고관리법, 상품 페이지 디자인을 배웠다. 밤에는 숙식하던 사무실에서 프로그램을 개발했다. 내 책상 위에는 컵라면, 모니터 그리고 낡은 베개가 하나 있을 뿐이었다.

하루에 세 시간 자고 코드를 짰다. 눈이 따갑고 손가락에 굳은살이 박혔다. 그러나 이상하게 행복했다. 처음으로 '내 세상'을 직접 만들고 있었으니까.

한 달 뒤 나는 직접 만든 쇼핑몰을 열었다. 도메인 이름도, 서버도 직접 구축했다. 당시 옥션이라는 쇼핑 전문 사이트를 통해 그리고 내가 개발한 사이트를 통해 물건을 팔았고, 고객이 생겼다.

첫 주문이 들어온 날 밤, 혼자 벤처센터 복도에 앉아 울었다. 그 눈물은 실패의 눈물이 아니라 내 인생의 첫 번째 자부심의 눈물이었다.

꿈의 문을 두드리다

선린으로 가는 길

선린인터넷고등학교에 진학하게 된 계기는 '생존'에 대한 지극히 현실적이고 절박한 이유 때문이었다. 어린 시절, 아버지의 사업이 실패하고 IMF 외환 위기를 겪으면서 우리 가족은 막대한 빚을 떠안게 되었다. 초등학생이었던 나는 다른 아이들처럼 공부에 몰두할 여유가 없었다. 나에게는 빨리 돈을 벌어 가족의 빚을 갚고 가정을 일으켜야 한다는 강력한 강박이자 절박한 동기가 자리 잡았다.

그러다 보니 인문계 고등학교에 진학하여 대학을 거쳐 안정된 직장에 취직하는 평범한 코스는 나에게 사치였다. 나는 빌 게이츠를 꿈꾸었고 빨리 사업에 성공할 수 있는 실질적인 기술과 환경을 갖춘 곳이 필요했다. 중학교 2학년 겨울에 '선린인터넷고등학교'라는 이름을 처음 들었다.

"거긴 상위권만 가는 학교야. 그야말로 코딩 천재들이 모이는 곳이지."

그 말을 듣자마자 그곳에 가야겠다고 결심했다. 나에게 선린인터넷고등학교는 학업의 장이 아니라 가족의 빚에서 탈출할 '전진 기지'였다. 집에서 한 시간 거리에 있었지만 정보통신(IT)과 벤처 창업에 특화된 이 학교만이 그 목적에 부합하는 유일한 선택지였다.

하지만 나는 내신이 바닥이었다. 학교 전체에서 꼴찌로 손꼽힐 정도였다. 그래서 전략을 바꿨다. 점수가 아니라 증명으로 승부하자. 중학생 때부터 독학으로 익힌 컴퓨터 프로그래밍과 그래픽 디자인 기술을 기반으로 일반 전형이 아닌 특별 전형에 도전했다. 직접 만든 홈페이지, 쇼핑몰 시스템, 디자인 샘플 그리고 사업계획서 한 권. 표지에는 볼펜으로 직접 썼다.

"청소년 기업 설립 제안서 - 곽상빈."

입학상담일, 나는 교장실 문 앞에 섰다. 손에 땀이 차서 종이가 구겨졌다.

"교장선생님, 저를 한번 만나주세요. 저는 공부는 못하지만 만들 줄은 압니다."

그때 교장선생님은 한참 나를 바라보셨다. 그리고 조용히 물으셨다.

"넌 왜 이 학교에 오고 싶니?"

"학교기업을 만들고 싶어요. 학생들이 직접 프로그램을 만들어 세상에 내놓는 기업요."

그 한마디가 모든 걸 바꿨다. 마침 정부에서 '학교기업' 정책을 추진 중이었고, 내 제안이 그 취지와 정확히 맞아떨어졌다. 그해에 선린인터넷고 특별전형이 신설되었고 나는 그 전형의 1호 합격자였다. 16세 청년의 절박함과 잠재력이 인정받은 것이다.

입학 첫날, 교문 앞에 섰을 때 손끝이 떨렸다.

"나는 점수가 아니라 증명으로 들어왔다."

그 순간, 세상이 조금 달라 보였다. 그날 이후로 나는 믿었다. 세상은 언제나 점수가 아니라 '이유 있는 열정'을 기억한다.

결핍, 라이벌, 실패가 나를 성장시켰다
고등학생의 창업 이야기

'데모닉스'-세상를 바꾸겠다는 열일곱 살의 착각과 열정

선린인터넷고등학교에 다니던 시절, 나는 '청소년 창업 1세
대'의 한가운데에 있었다. 그때 한국 사회는 막 닷컴 열풍이
일어나던 시기였고, 인터넷이라는 단어가 세상을 바꾸리라
는 기대가 가득했다. 그러나 우리에게는 아무것도 없었다.
자본도, 인맥도, 제대로 된 장비도 없었다. 하지만 단 하나,
그 모든 것을 대신할 만큼 강렬한 것이 있었다. 바로 '무모할
정도의 열정'이었다.

2004년 초겨울, 교실 창밖엔 눈발이 흩날리고 있었다. 나
는 교실 한구석, 낡은 브라운관CRT 모니터 앞에 앉아 있었
다. 화면에는 내가 밤새 붙들고 있던 코드들이 깜박이고 있

었다. 그 시절 내 컴퓨터는 느렸고, 모니터는 번번이 꺼졌지만 내 머릿속은 누구보다 빠르게 돌아가고 있었다.

"이거 완성되면 진짜 세상이 놀랄 거야."

나는 친구들에게 그렇게 말했다. 당시 학교에서는 특별히 몇몇 학생에게 작은 사무실 하나를 내주었다. 그 공간이 바로 내가 회사를 세운 곳이었다. 나는 선린인터넷고 2학년 학생이자 '대표이사'였다. 회사 이름은 데모닉스^{Demonix}. 듣는 사람마다 왜 그런 이름을 붙였냐고 물었지만 우리에게 그건 멋이었다.

당시 2002년 월드컵 4강 진출로 '붉은 악마'가 유행이었고 우리는 별 생각 없이 악마-데몬-가 좋았다. 그리고 기술 기업이 대부분 뒤에 닉스를 붙였다. 지금의 하이닉스처럼. 그래서 데모닉스라고 지었다.

낡은 책상 몇 개와 삐걱대는 의자 그리고 팬 소리가 요란한 컴퓨터 몇 대가 전부였지만, 우리에게는 세상에서 가장 귀한 공간이었다. 그곳은 단순한 사무실이 아니라 꿈을 현실로 바꾸는 실험실이었다. 우리는 거기서 숙식을 해결했다. 낮에는 수업을 듣고, 밤이 되면 사무실로 돌아와 코드를 짜는 '밤낮없는 치열한 이중생활'이 계속되었다. 컵라면이 식탁이었고, 컴퓨터 모니터의 불빛이 유일한 조명이었다. 경비 아저씨가 "얘들아, 아직도 안 갔냐?"라고 웃으며 지나가시던 기억이 아직도 생생하다.

나의 고등학교 3년에서 낮의 학교 수업 시간은 사업에 필요한 기술적 기반을 다지는 시간이었다. 전자상거래과에서 배우는 지식들을 실전에 적용할 준비를 했다. 하지만 진짜 승부는 밤에 시작되었다. 홈페이지 제작, 쇼핑몰 구축 등 정보통신IT 기술을 활용한 용역을 수주하여 실질적 수익을 창출하는 데 전념했다.

다른 애들이 학원에 가거나 친구들과 놀 때, 나는 사무실에서 밤새워 코딩하고 고객과 미팅하며 사업을 일구었다. 이는 단순히 용돈을 버는 수준이 아니라 IMF 파산의 여파 속에서 가정을 도우려는 필사적인 노력이었다.

주말과 방학은 회사의 인지도와 기술력을 높이는 기회로 활용했다. 컴퓨터 대회에 꾸준히 참가하여 입상했는데, 이것이 데모닉스의 기술 포트폴리오를 강화하는 중요한 경력이 되었다. 특히, 설립 초기부터 벤처창업대전 등에 사업계획서를 제출하며 적극적인 경영 활동을 펼쳤고, 마침내 산업자원부장관상까지 수상하는 쾌거를 이루었다. 16세 청년 사업가가 신문에 보도되며 '스티브 잡스'에 비견되기도 했다.

이 치열한 3년 동안 나는 돈을 버는 수단으로 사업에 매달렸고, 초기에는 실제로 꽤 성공적인 성과를 거두었다. 하지만 이 과정에서 '돈이 목표가 아니'라는 중요한 깨달음을 얻게 되었다. 벤처 성공 자체가 목적이 아니라 그 성공으로 어린 시절 결핍되었던 무언가를 채우려 했다는 것이다. 선린인터넷고등학교에서의 밤낮없는 스타트업 경험은 나에게 실질적인 비즈니스 감각을 안겨줌과 동시에 돈을 넘어선 삶의 목적을 고민하게 하는 결정적인 전환점이었다. 이 경험이 있었기에 훗날 38개의 자격증을 따내고 성공적인 전문직의 삶을 살면서도 안주하지 않고 끊임없이 다음 단계의 소명을 찾아 나설 수 있었다.

'애프시스'-세상에서 가장 쉬운 웹 개발 툴

우리가 개발하던 제품은 웹 솔루션 개발도구 '애프시스^{AppSys}'였다. 이름 그대로 'Application System'의 줄임말이었다. 우리가 세운 목표는 단순했다.

"어르신들도 클릭 몇 번이면 홈페이지를 만들 수 있게 하자."

당시만 해도 홈페이지 제작은 전문가의 영역이었다. 홈페이지를 만들려면 HTML과 서버 관리, FTP 업로드 등 복잡한 과정을 알아야 했다. 이런 복잡한 용어에 겁을 먹은 사람들이 "이걸 쉽게 만들 수 없을까?" 하는 얘기를 들었다. 그때 나는 직감했다.

"그래, 이걸 누구나 쓸 수 있게 하면 된다."

우리는 그걸 완전히 바꾸고 싶었다. 누구나 마우스로 끌어다 놓는 방식으로 홈페이지를 만들 수 있도록 코드 대신 시각적인 인터페이스를 제공하는 시스템을 구상했다. 지금으로 치면 '노코드 홈페이지 빌더'의 원형이었다.

당시 학교 안에는 우리와 비슷한 팀이 여럿 있었다. 누군가는 보안 프로그램을 만들었고, 누군가는 온라인 게임 서버를 개발했다. 언론에 소개된 친구들도 있었다. 신문에 '10대 창업가'라는 제목으로 그들의 사진이 실릴 때마다 부러움과 자극이 동시에 밀려왔다.

"우리도 해낼 수 있다. 아니, 반드시 해내야 한다."

그 경쟁심이 나를 밤새우게 만들었다. 다른 팀이 시연을 앞두고 있다는 소식이 들리면 나는 그날 잠을 자지 않았다. 버그를 잡고, 기능을 개선하고, 디자인을 다듬었다. 그때의 경쟁은 증오가 아니라 순수한 에너지였다.

친구 중 한 명은 코드에서 천재였고 또 한 명은 디자인 감각이 뛰어났다. 나는 사업계획서를 쓰고 도메인을 등록했다. 밤새 FTP로 파일을 업로드하며 'www.daemonics.com'이라는 주소가 처음 열린 순간 우린 모두 환호성을 질렀다. 그날, 나는 진짜 CEO가 된 기분이었다. 마침내 애프시스가 완성된 것이다.

며칠 뒤 기자가 학교로 찾아왔다. 우리가 '2004 대한민국 창업대전' 본선에 진출했다는 소식이 언론에 알려졌기 때문이다. 250여 개 팀 중 70개 팀만이 통과했다. 그중 대부분은 대학생이나 성인이었고 우리는 고등학생 네 명, 중학생 한 명이었다.

학교로 찾아온 기자가 물었다.

"이런 걸 만든 이유가 뭔가요?"

나는 잠시 망설이다가 큰일도 아니라는 듯 이렇게 말했다.

"저희가 어리긴 하지만 세계에서 가장 독특하고 가치 있는 IT 업체로 우뚝 설 자신이 있습니다."

그 말을 하면서도 속으론 웃고 있었다. '세계'라는 단어가 얼마나 큰지 그때는 몰랐다. 하지만 그건 진심이었다. 세상에 없는 걸 만들고 싶었다. 누군가의 일상을 바꾸는 무언가를 직접 만들어보고 싶었다.

세계일보

선린고 곽상빈군등 5명웹 솔루션 개발업체 설립

입력 2004.11.14. 오후 7:57

"저희가 어리긴 하지만 세계에서 가장 독특하고 가치있는 IT(정보기술)업체로 우뚝 설 자신이 있습니다."

선린인터넷고 2학년에 재학 중인 곽상(17)군 등 이 학교 학생 4명과 중학생 1명이 지난달 웹솔루션 개발업체 '데모닉스(www.daemonics.com)'를 설립했다. 데모닉스는 인터넷 사이트나 웹 서비스, ERP(전사적 자원관리) 등을 손쉽게 구축할 수 있는 웹 개발 도구인 '애프시스(AppSys)'를 개발하고 있다.

이 제품은 전문지식이 전혀 없는 초보자도 손쉽게 자기가 원하는 프로그램을 개발할 수 있도록 지원하는 시스템이다.

'2004 대한민국 창업대전' 본선 대회는 삼성동 코엑스에서 열렸다. 그날 지하철을 타고 팀원들과 함께 가던 길을 잊지 못한다. 손엔 시연용 노트북과 밤새 만든 발표 자료가 들려 있었다.

부스에는 중소기업, 대학 벤처팀, 스타트업의 대표들이 즐비했다. 정장 차림의 어른들 사이에 교복을 입은 우리가 서 있었다. 처음에는 쑥스러웠지만 곧 사람들의 시선이 우리 쪽으로 쏠렸다.

"학생들이 직접 만든 거라고요?"

"이게 진짜 작동해요?"

우리가 시연을 시작하자 모니터 위에서 게시판이 자동으로 생성되고 버튼 하나로 쇼핑몰이 완성되었다. 심사위원들이 놀란 표정을 지었다. 발표가 끝난 뒤 내 이름이 수상자로 호명되는 순간 온몸이 떨렸다. 학교에서는 우리를 자랑스러워했고 언론에서도 인터뷰 요청이 이어졌다. 그 순간 나는 처음으로 세상의 중심에 서 있는 기분을 느꼈다.

그때의 나 그리고 지금의 나

친구들은 "너 진짜 해냈다"라고 말했다. 나는 세상을 바꿀 수 있을 거라고 믿었다. 하지만 현실은 그렇게 호락호락하지 않았다. 상은 명예를 주었지만 수익은 주지 않았다. 기술은 있었지만 시장이 없었다. 우리는 단지 좋은 제품을 만들면 사람들이 알아줄 것이라고 믿었지만 세상은 그렇게 움직이지 않았다. 사용자는 금세 떠났고 투자자는 어린 창업가에게 관심이 없었다. 서버 유지비와 도메인 비용조차 감당하기 어려워졌다. 팀원들마저 하나둘 떠나기 시작했다.

"이제 학업에 집중해야겠어."

"군대 다녀와서 다시 하자."

모두 돌아올 것처럼 말했지만 결국 아무도 돌아오지 않았다. 사무실에 혼자 남았을 때의 공기는 낯설고 무거웠다. 모니터는 여전히 켜져 있었지만 키보드 소리는 더 들리지 않았다. 데모닉스는 결국 자금난으로 문을 닫았다. 그날 나는 폐업신고서를 꺼내 들고 한참 바라보다가 결국 폐업신고를 마쳤다. 패배의 느낌이 밀려왔지만 동시에 이상할 만큼 후련했다. '그래도 우리는 끝까지 해봤다.' 그것만은 누구도 빼앗을 수 없었다.

그 경험은 내 인생의 가장 값진 교훈이 되었다. 세상은 열정만으로 버틸 수 없다는 것을, 기술이 완벽해도 사람이 함께하지 않으면 오래가지 못한다는 것을, 리스크를 통제하지 못하면 아무리 좋은 아이디어라도 지속될 수 없다는 것을 배웠다. 하지만 나는 그 시절을 후회하지 않는다. 오히려 그 시절이 지금의 나를 만들었다. 결핍 속에서 방법을 찾았고, 경쟁 속에서 속도를 익혔으며, 실패 속에서 방향을 배웠다.

지금도 가끔 그 사무실을 떠올린다. 낡은 의자, 아직 따듯

한 컵라면, 모니터의 푸른 불빛, 밤새 돌아가던 팬 소리 그리고 그 속에서 꿈을 코딩하던 내 젊은 날의 손끝. 그 공간은 내게 기술보다 중요한 걸 가르쳐줬다.

"결핍은 시작의 불씨이고, 라이벌은 그 불을 꺼지지 않게 하는 바람이며, 실패는 그 불을 더 뜨겁게 만드는 연료다."

그때 배운 그 진리를 지금도 잊지 않고 있다. 세상은 빠르게 변하고 기술은 더 정교해졌지만, 나는 여전히 그 시절의 나를 마음속에 품고 있다. 고등학생이던 나는 믿었다. 할아버지도 클릭 몇 번이면 홈페이지를 만들 수 있는 세상을 열 수 있다고. 그 믿음은 지금도 내 안에서 살아 있다. 결국 내 인생의 모든 출발점은 그 사무실이었다. 결핍이 나를 움직였고, 라이벌이 나를 단련시켰으며, 실패가 나를 성장시켰다. 그리고 그 세 가지가 모여 지금의 나를 만들었다. 그때 내가 썼던 그 한마디.

"우리는 어리지만 세계에서 가장 가치 있는 IT업체가 되겠다."

지금 돌아보면 철없는 선언이었지만 동시에 인생의 방향을 바꾼 첫 문장이었다. 그 열일곱 살의 나는 잘 몰랐다. 이 문장이 언젠가 책의 첫 장이 될 줄은.

나는 공부를 '세상을 해부하는 법'을 배우는 과정이라고 믿었다. 그래서 교과서보다 먼저 손댄 것이 국제 자격증이었다. 첫 관문은 CCNA였다. CCNA(Cisco Certified Network Associate)는 라우터와 스위치를 직접 만지고, IP 주소를 쪼개고, 패킷이 한 장비에서 다른 장비로 넘어가는 경로를 손으로 설계하게 만든다. 밤마다 낡은 스위치의 포트를 켜고 끄며 VLAN을 나누고, OSPF를 올렸다 내렸다 하다 보면, 인터넷이란 거대한 강줄기가 사실은 수많은 작은 수로와 수문으로 이루어져 있다는 사실이 보인다. 내가 인터넷을 '사용'하던 사람에서 '작동'시키는 사람으로 바뀌던 순간이 바로 이 자격증을 준비하던 때였다. 한 줄의 설정이 통신을 열고 닫는 것을 눈으로 확인하면서 문제를 정의하고 논리적으로 복구하는 마음가짐을 배웠다.

CCNA를 넘기자 더 큰 지도가 펼쳐졌다. CCNP(Cisco Certified Network Professional)는 '연결'이 아니라 '운영'을 묻는다. 단일 캠퍼스가 아니라 여러 지역에 흩어진 네트워크를 어떻게 안정적으로 묶을지, 장애를 최소한의 다운타임으로 어떻게 우회할지, 라우팅 프로토콜을 어떤 기준으로 혼합·최적화할지 고민하게 만든다. 이 과정에서 나는 기술 자체보다 '설계의 철학'이 더 중요하다는 것을 체감했다. 스패닝 트리 하나를 바꿀 때도, BGP 0정책을 조정할 때도 의사결정의 기준은 멋진 기능이 아니라 '운영 리스크와 복구

시간'이어야 한다는 점, 현실의 엔지니어링은 늘 숫자와 가용성의 언어로 말한다는 점을 배웠다.

운영체제의 세계는 MCP로 들어갔다. MCP(Microsoft Certified Professional)는 윈도 시스템의 권한과 서비스, 계정과 정책 같은 보이지 않는 규칙을 정석대로 다루게 한다. 사용자 로그온이 실패하는 이유를 이벤트 로그에서 추적하고, 레지스트리의 작은 키 하나가 시스템 전반의 동작을 바꿔버리는 경험을 하면서 '시스템은 작은 약속들의 집합'이라는 사실을 배웠다. 겉으로 보기엔 단순한 버튼 하나지만, 그 뒤에는 역할과 권한, 의존성과 순서의 질서가 숨어 있다. MCP는 그 질서를 읽는 눈을 길러주었다.

이어서 MCSA(Microsoft Certified Solutions Associate)는 관리자라는 이름 그대로 현장을 굴러가게 만드는 습관을 가르쳤다. 패치 하나를 언제, 어떤 순서로, 어떤 롤백 계획과 함께 적용할지, 백업은 어느 주기로 어떤 매체에, 어떤 복구목표RPO/RTO를 전제로 설계할지 MCSA를 준비하면서 나는 화려한 신기능보다 '반복 가능한 운영'이 더 어렵고 더 가치 있다는 사실을 배웠다. 서버를 하나 세우는 일보다 1년 내내 안정적으로 돌게 하는 일이 진짜 실력이라는 것을. 그 덕분에 일의 리듬을 만들고, 점검표를 만들고, 평시의 작은 습관으로 사고를 미리 줄이는 생각법이 몸에 붙었다. MCSE(Microsoft Certified Systems Engineer)는 한 단계 더 올라가 전체 시스템을 설계하는 시선으로 세계를 보게 한다.

단일 서버가 아니라 디렉터리 구조 전체, 인증과 권한 부여 체계, 분산된 서비스 간의 의존성과 장애 전파를 그려 보게 만든다. 설계는 결국 선택과 트레이드오프라는 사실을, 보안·성능·확장성 중 무엇을 우선시할지 결정하는 것은 기술이 아니라 목표라는 사실을 이 과정에서 배웠다. 시험장에서는 문제를 풀었지만, 실제로는 '기업이라는 생명체가 숨 쉬는 방식'을 배웠다.

한편 리눅스 세계로 건너가 LCP(Linux Certified Professional)를 준비하며 키보드만으로 시스템을 통째로 조립하고 해체하는 감각을 익혔다. 그래픽 사용자 인터페이스GUI 없이 터미널에서 서비스의 상태를 확인하고, 로그를 읽고, 프로세스를 제어하고, 권한을 세분하는 훈련은 불안과 친해지는 법을 알려준다. 오류가 나면 화면이 말해주는 것에만 기대지 않고, 핵심 원인을 찾아 밑단부터 올려 세운다. 제한된 자원 속에서 가장 단순한 해결책을 선택하는 태도, 그건 리눅스가 내게 준 삶의 태도이기도 했다. 복잡한 문제일수록 기본기와 단순함이 이긴다.

개발의 문법은 SCJP(Sun Certified Java Programmer)에서 체화했다. 자바는 객체라는 개념으로 세상을 설명하게 만든다. 캡슐화와 상속, 다형성 같은 말들이 시험의 키워드이기도 했지만, 본질적으로는 복잡한 현실을 추상화하고 재사용 가능한 구조로 만들라는 주문이었다. 코드 한 줄의 작은 실수가 전체 시스템을 멈추게 할 수 있다는 긴장 속에서 나는 디버깅의 기술, 즉 증상을 따라가지 말고 원인을 찾는 습관을 배웠다. 에러 로그의 한 줄을 끝까지 추적해 가다 보면 기술도 결국 집요함의 다른 이름이라는 생각이 들었다.

보안과 서버 영역의 통합 자격 과정을 거치면서는 신뢰를 설계하는 법을 배웠다. 침입을 막는 일과 침입이 발생했을 때 피해를 최소화하는 일은 전혀 다른 기술이라는 것. 접근제어 목록 하나, 암호화 정책 하나가 사용자 경험과 운영 비용 그리고 위험의 크기를 동시에 바꾼다는 것. 보안은 '모든 것을 막는' 일이 아니라 '막을 것과 용인할 것을 구분하고, 사고가 나도 회복 가능한 구조로 만들어 두는' 일이라는 것을 현장에서 체감했다. 결국 좋은 보안은 눈에 띄지 않는다. 시스템이 조용히 잘 돌아가게 만드는 보이지 않는 골격일 뿐이다.

이 여덟 개 자격증은 내 이력서의 줄을 채우는 장식이 아니었다. CCNA와 CCNP는 '연결'과 '운영'의 언어를, MCP · MCSA · MCSE는 '규칙'과 '반복'과 '설계'의 질서를, LCP는 '단순함의 힘'을, SCJP는 '추상화와 디버깅'의 자세를, 보안 · 서버 자격은 '신뢰의 구조'를 내 안에 심어 주었다. 시험장에서는 문제를 풀었지만, 실제로는 세계를 이해하는 문법을 익혔다. 지금도 새로운 프로젝트를 시작할 때면 나는 무의식적으로 이 문법을 꺼내 쓴다. 무엇을 먼저 연결할 것인가, 어떤 규칙으로 운영할 것인가, 어디에서 단순화할 것인가, 어떻게 신뢰를 설계할 것인가. 자격증은 그 질문들에 답하는 연습이었다. 그리고 그 연습이 쌓여 일과 삶의 문제를 푸는 힘으로 바뀌었다.

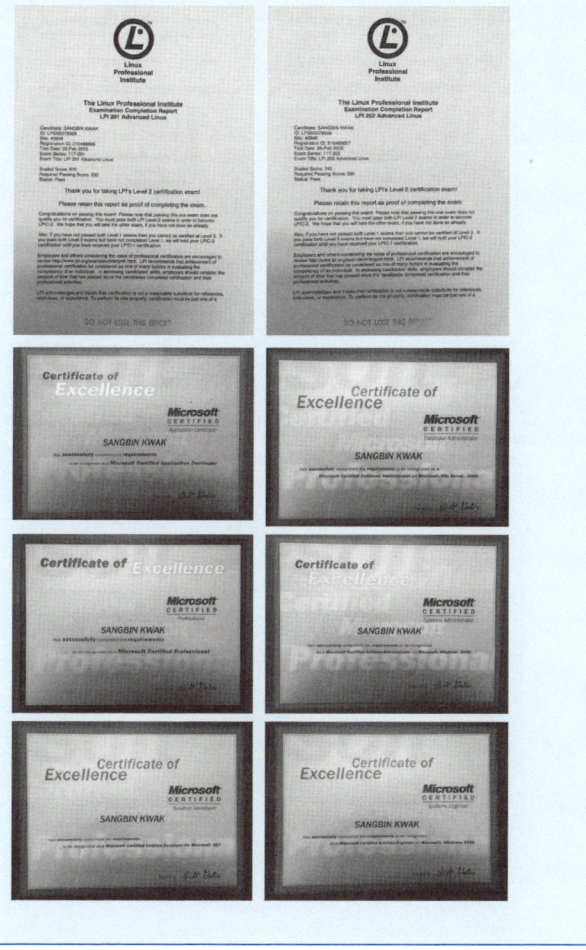

2장

공부로
운명을 바꾸다

'공부'라는 투자 관점의 발견
공부를 '인생의 투자론'으로 이해하기 시작하다

공부를 못하던 아이

나는 어릴 때 공부를 못하는 아이였다. 정확히 말하면 공부에 관심이 없는 아이였다. 공부가 싫다기보다 왜 해야 하는지 몰랐다. 교과서의 글자는 늘 흐릿했고, 선생님 말씀은 내귀를 스쳐 지나갔다. 나는 세상이란 게 너무 멀고 내 자리는 그 안에 없다고 느끼던 아이였다.

서울 구로구 고척동의 달동네. 언덕을 따라 좁게 이어진 골목과 삐걱거리는 계단, 빨랫줄에 걸린 옷들이 바람에 흔들리던 그곳이 내 어린 시절의 배경이었다. 학교가 끝나면 책가방을 던져놓고 친구들과 골목으로 나갔다. 누가 먼저 부르지 않아도 우리는 자연스럽게 모였다. 아무 할 일도 없었고, 아무 목표도 없었다. 그냥 하루를 흘려보내는 게 일상이었다.

나는 게으른 아이였다. 공부는커녕 숙제조차 미뤘다. 엄마가 "공부 좀 해라"라고 하면 나는 "나중에 할게"라고 대답하고는 밖으로 나갔다. 사실은 하기 싫어서가 아니라 무엇을 해야 할지 몰랐다. 공부라는 게 내 인생과 연결되어 있다고는 전혀 느껴지지 않았다.

그 시절의 나는 세상이 정한 '잘 사는 법'을 몰랐다. 그저 친구들과 웃고 떠들며 시간을 흘려보내면 그게 인생의 전부라고 생각했다. 방과 후 해 질 녘은 늘 빠르게 흘러갔다. 놀다 보면 어느새 하늘이 어두워지고 엄마의 밥 먹으라는 소리가 골목 끝에서 들려왔다. 그게 하루의 마침표였다.

공부를 못한다는 말이 그때는 부끄럽지 않았다. 시험지에 낙제점을 받아도 아무렇지 않았다. 그보다 더 무서운 건 '왜 사는지 모르는 하루'였다. 하지만 그 공허함을 느낄 줄 모르는 게 어린 나의 행복이었다.

아버지 사업이 망하기 전까지 우리 집은 그래도 평범했다. 나는 그 평범 속에서 게으름과 무기력에 익숙해져 있었다. 그 시절의 나는 노력하지 않아도 세상은 그냥 흘러가는 줄 알았다. 공부를 안 해도, 꿈이 없어도 언젠가 어른이 되면 모든 게 저절로 풀릴 거라 믿었다. 하지만 그건 착각이었다. 아버지의 사업이 무너지고 나서야 세상은 나를 기다려주지 않는다는 걸 알았다. 그때 처음 깨달았다.

"아무것도 하지 않던 그 시절의 게으름이 사실은 내 인생의 가장 큰 빚이었다."

공부를 '인생의 투자론'으로 이해하기 시작하다

어릴 때부터 돈에 대해서 고민하는 것을 좋아했다. 일찍 장사를 시작했고, 사업을 배웠다. 그리고 모든 거래를 차변(왼쪽)과 대변(오른쪽)에 동시에 기록하여 회계의 신뢰성과 투명성을 확보하는 회계 방식인 복식부기를 배웠고 회계와 경제를 배웠다.

닷컴버블이 터지던 시기에서 새로운 벤처기업의 시대로 접어들 무렵 고등학교에서는 주식회사와 주식에 대해서도 배웠다. 사업과 투자를 먼저 어렴풋이 경험한 상황에서 일반 인문계 학생들처럼 국영수를 공부하다 보니 오히려 나만의 방식으로 이해가 되었다.

사업을 접고 난 뒤의 겨울은 이상할 만큼 조용했다. 고3으로 올라가는 방학 첫날, 거실 한쪽에 접이식 상을 펴고 앉아 스스로에게 말했다.

"이번엔 돈을 벌 생각부터 하지 말자. 무지부터 갚자."

그날 나는 휴대전화에서 알림을 모두 껐고, 창문가에 있던 게임 CD들을 상자에 넣어 베란다로 밀어두었다. 지푸라기라도 잡는 심정으로 택한 게 IT 국제자격증이었다. 그동안 해킹, 네트워크 프로그래밍, 서버를 만지며 쌓였던 손 감각이 있었고, '이 분야라면 단기간 몰입으로 승부가 가능하다'는 계산이 섰다. 내 머릿속 첫 번째 수식은 단순했다.

"투자비용(3개월의 시간+응시료) 〈 기대수익(합격증+자신감+다음 단계로의 진입권)."

이 기댓값이 플러스라면 주저할 이유가 없었다.

공부 전략은 처음부터 분명했다. 교과서 통독이 아니라 기출 중심 무한반복. 모아둔 문제들을 범주별로 묶고(네트워크 토폴로지, 라우팅, 서브네팅, 스위칭·VLAN, ACL/NAT, 장애 트러블슈팅), 오답은 즉시 '오답장'에 한글로 내 언어로 다시 썼다. '왜 틀렸는지'와 '다음에 안 틀리려면 무엇을 볼 것인지'를 한 줄씩 붙였다. 암기는 눈이 아니라 손으로 했다. 빈 종이에 OSI(Open Systems Interconnection) 7계층(국제 표준화 기구(ISO)에서 개발한 네트워크 통신 프로토콜 모델로, 통신 과정을 7개의 계층으로 나누어 각 계층이 특정 기능을 담당하도록 설계된 표준)을 순서 없이 써 내려가고, 라우팅 프로토콜(라우터 간에 라우팅 정보를 교환하고, 라우팅 테이블을 동적으로 관리하여 패킷이 최적의 경로로 전달되도록 하는 통신 규약)의 특성을 네 줄 요약으로 적어 본 뒤 마지막에 스스로에게 시험하듯 질문을 던졌다.

EIGRP(Enhanced Interior Gateway Routing Protocol, 강화 내부 경로 제어 통신 규약)의 메트릭 구성요소는? 서브넷 마스크/24에서 호스트 수는? ACL(Access Control List) 적용 순서와 위

치는? 답을 막히지 않고 말로 내뱉을 때까지 반복했다. 한 자리에서 거의 움직이지 않았고, 이동해야 할 땐 오답장만 들고 걸으며 복기했다. 멈춰 서서 다시 쓰고, 걷다가 또 중얼거렸다. 내 공부는 요란하지 않았지만, 분명히 체화되고 있었다.

첫 시험을 국제공인 네트워크 자격증인 CCNA(Cisco Certified Network Associate)로 잡은 것도 계산이었다. 네트워크의 기초를 압축적으로 증명할 수 있고, 합격 즉시 다음 자격군으로 수익 재투자가 가능했다. 시험 이틀 전에는 시뮬레이터 문제만 돌렸다. '설명 없이 손만 움직여도 되는 속도'를 만들고 싶었다. 시험장에 들어가서는 시간을 3구간으로 나눴다.

① 쉬운 문항 스캔으로 확실한 점수 선점

② 구성·계산형 집중

③ 플래그 문항 재검토

결과는 980점. 모니터에 점수가 뜨는 순간, 머릿속에서 '기댓값'이라는 단어가 아주 또렷하게 떠올랐다. 단 2주였다. "공부는 배신하지 않는다"라는 문장이 슬로건처럼 가슴에 새겨졌다.

이후 속도를 더 올렸다. 같은 방식으로 영역만 옮겼다. 네트워크 심화, 보안, 서버 등으로 범주 전환 → 기출 반복 → 오답 체화 → 속도 검증. 새 자격증을 하나 얻을 때마다 그 장면을 '현금흐름표의 유입'처럼 기록했다.

3개월이 끝났을 때 손에 쥔 건 8개의 자격증과 '나는 된다'는 확신이었다. 무엇보다 소중했던 건 내 안의 자기서사가 바뀌었다는 사실이다. 실패를 설명하던 언어가 변했고, 노력의 결과를 예측·관리하는 감각이 생겼다. 공부는 더 이상 '시험 준비'가 아니라 자산 축적 행위였다.

그 무렵부터 나는 공부를 완전히 투자론의 언어로 보기 시작했다. 하루 시간은 원가, 집중력은 수익률, 오답률 하락은 리스크 관리, 회독은 복리compounding였다.

"오늘 6시간 집중해 오답률을 30% → 15%로 낮추면, 내일 같은 시간 투자로는 15% → 8%가 된다."

숫자는 추정치였지만, 방향은 의심이 없었다. 무엇보다 손실 회피의 유혹, 즉 새로운 교재로 도망치고 싶어지는 심리를 경계했다.

이미 산 종목(내가 고른 한 권의 교재)에서 성과가 나올 때까지 추가 매수(회독)를 지속하는 편이 장기수익률을 높인다는 걸 내 경험이 말해주고 있었기 때문이다. 공부는 감정이 아니라 규칙으로 해야 수익곡선이 떨어지지 않았다. 자격증이 쌓이자 다음 선택지가 보였다. 바로 대학이었다. 그것도 이왕이면 명문대에 가야 한다는 강한 확신이 섰다.

"지금부터 수능을 준비하면 늦었다는 말이 주변에서 들렸지만 나는 이미 하나의 검증된 전략을 갖고 있었다."

다시 기출 중심 무한반복. 국어는 지문 구조를 색으로 나누어 논지·전환·근거를 표시했고, 문학은 갈래별로 문제화되는 패턴(화자의 태도 변화, 시어의 기능, 서술자 개입)을 오답장에서 빈칸 채우기처럼 익혔다.

수학은 개념장을 하루 한 번 손으로 전개하고, 유형당 대표문항을 시간 제한을 두고 풀었다. 영어는 독해 속도보다 오답원인 분류, 즉 어휘 미확인·지시어 오인·구문 미복원을 우선했다. 모의고사는 실력검사가 아니라 리스크 점검표였다.

전날 잠, 당일 루틴, 시간배분 실험값을 적었다가 수정했다. 실패는 손실이 아니었다. 다음 주의 수익률을 높이는 데이터였다.

일과표도 투자처럼 짰다. 하루를 세 등분해 오전엔 이해·정리(저위험, 저수익이지만 토대 형성), 오후엔 문제풀이(중위험, 중수익), 밤엔 오답복기·암기(저위험, 안정수익)를 배치했다. 집중이 흔들릴 때는 25분 집중→5분 정리의 짧은 사이클로 손실 제한을 걸었다.

무엇보다 '자투리 시간 회수'가 중요했다. 이동 중엔 오답장 사진만 넘겼고, 줄 설 때는 단어장을, 밥 식힐 때는 수학정의·정리를 소리 내어 읊었다. 하루 10~12시간을 책상 앞에만 있지 않아도 총집중량은 그 이상이 되었다. 얇게, 그러나 빈틈없이, 이게 내 전략의 핵심이었다. 이 과정에서 내 안의 '투자 마인드'는 더 선명해졌다.

선택과 집중: 모든 걸 다 잘하려 하지 않고, 점수를 만들어 낼 수 있는 영역부터 수익을 뽑아 전체 포트폴리오의 안정성을 만들었다.

복리의 힘: 같은 기출을 다섯 번째 읽을 때 올라오는 미세한 이해의 차이를 신뢰했다.

옵션 가치: 특정 과목에서 일정 점수가 확보되면 다른 과목에 과감히 시간을 베팅할 여유가 생긴다는 것, 즉 공부에도 선택권이 생긴다는 것을 체감했다.

무엇보다 침체 구간의 심리관리가 중요했다. 점수가 멈춰서 있는 보합장의 며칠을 지나야 어느 날 갑자기 차트가 위로 터진다. 그 순간을 나는 몇 번이나 봤다.

참고 **리스크 점검: 나를 점검하는 하루의 시작**

매일 아침 책상 앞에 앉기 전 노트를 펼쳐 '리스크 점검표'를 썼다. 그날의 공부는 그날의 컨디션과 환경에 따라 성공과 실패가 갈렸다. 그래서 감정이나 의지에 의존하지 않고 스스로를 객관적으로 진단하기로 했다. 노트 맨 위에 이렇게 적었다.

"오늘 나를 방해할 리스크는 무엇인가?"

이 한 줄을 쓰면 생각이 조금씩 명료해졌다.

첫째, 체력 점검

"어제 몇 시간 잤지?"

수면이 6시간이 안 되면 오전에는 피로가 밀려왔다. 그럴 땐 아예 계획을 바꿔 오전엔 암기보다 복습 위주로 공부했다. 공부는 무조건 몰아붙이는 게 아니라 리듬을 맞추는 싸움이라는 걸 알았다.

둘째, 집중 리스크

책상 위의 스마트폰을 뒤집어놓고 비행기 모드로 전환했다. 이어폰을 꽂고 조용한 음악을 틀면, 세상이 조금 차분해졌다. 방해 요인을 물리적으로 차단하는 대신 '시작 버튼'을 만든 셈이었다. 공부는 마음의 준비가 아니라 환경의 설계로 시작된다는 걸 깨달았다.

셋째, 감정 리스크

때로는 이유 없이 의욕이 떨어지는 날이 있었다. 그럴 땐 억지로 책을 펴기보다 노트 한구석에 '공부를 시작한 이유'를 다시 적었다.
"이 시험은 내 한계를 넘어서는 증거다."
짧은 문장이었지만, 그것이 다시 나를 일으켜 세웠다.

넷째, 시간 리스크

공부 외에도 해야 할 일은 늘 있었다. 약속이 있거나 이동이 필요한 날이면 미리 지하철에서 볼 '요약노트'를 준비했다. 이동시간은 빼앗긴 시간이 아니라 짧은 복습의 기회였다.

다섯째, 환경 리스크

공부할 장소의 와이파이, 전원 콘센트, 조명 밝기까지 미리 확인했다. 별것 아닌 준비 같지만 이런 사소한 변수들이 집중을 흐트러뜨린다는 걸 경험으로 배웠다. 그래서 매일 밤, 다음 날 공부할 자료와 장비를 미리 세팅했다. 아침이 오면 바로 시작할 수 있도록 환경을 완성해두는 것이 나의 작은 의식이었다.

이렇게 하루의 리스크를 적어 내려가면 불안이 줄었다. 공부를 방해하는 요소들이 눈앞에 드러나자 그것이 더 이상 '막연한 부담'이 아니라 통제 가능한 문제로 느껴졌다. 리스크를 관리하는 건 결국 마음을 다스리는 일이다. 두려움은 언제나 '정의되지 않은 변수'에서 오기 때문이다. 그렇게 나는 공부를 감정이 아닌 시스템의 언어로 다루기 시작했다. 이 점검표는 단순한 준비가 아니라, 내 하루를 안정시키는 의식이었다. 책을 펴기 전 펜을 들고 스스로에게 물었다.

"오늘의 나를 무너뜨릴 요인은 무엇인가?"

그리고 한 줄씩 지워가며 답을 찾았다. 그날의 공부는 언제나 그 점검표에서 시작되었다.

기억을 복리로 키운 하루 루틴

리스크 점검표로 하루의 변수를 통제하고 나면 그다음은 리듬을 만들었다. 공부를 단순히 열심히 하는 것이 아니라 기억이 축적되는 구조로 설계하려 한 것이다. 그래서 하루를 '시간 단위'로 나누지 않고, '기억의 주기'로 나누었다. 즉, 하루의 루틴은 '새로 배우기 → 반복하기 → 되새기기 → 복습하기'로 순환되었다.

아침 6시 반이면 알람이 울렸다. 졸린 눈을 비비며 스트레칭을 하고 창문을 열어 차가운 공기를 들이마셨다. 그 들이마심이 내 뇌를 깨워주는 의식처럼 느껴졌다. 7시부터 8

시 반까지는 '신규 학습 시간'이었다. 이 시간대는 세상이 조용했고, 집중력의 질이 달랐다. 그때 배운 개념들은 오래 머릿속에 남았다.

아침 공부가 끝나면 30분간은 '전날 복습' 시간을 두었다. 사람의 기억은 하루가 지나면 70% 이상 사라진다. 그 70%를 되찾으려고 노트의 빈칸을 다시 채웠다. 책을 다시 처음부터 읽지 않고 내가 표시해둔 약점 부분만 골라 반복했다. 이것이 '망각곡선'을 역이용하는 첫 번째 전략이었다.

오전엔 실습 문제를 풀었다. 단순한 이론 암기가 아니라 실제 문제로 개념을 다시 꺼내 쓰는 과정이었다. 그 과정에서 기억이 단단해지고 개념이 살아 움직였다. 점심 이후엔 3일 전에 공부했던 내용을 복습했다. 이 주기를 엄격히 지켰다. 그리고 저녁엔 7일 전에 배운 내용을 다시 되새겼다. 그 주기가 누적될수록 머릿속의 개념들이 서로 연결되어 하나의 네트워크처럼 작동했다.

밤이 되면 하루를 마무리하며 '리스크 리뷰'를 했다. 오늘은 어떤 변수가 내 집중을 흔들었는지, 어떤 시간대에 효율이 높았는지를 기록했다. 그리고 다음 날의 리스크를 예측했다.

"내일은 외부 일정이 있으니 오전에 복습 루틴을 앞당기자."

이런 조정이 쌓여 공부가 점점 효율적인 구조로 바뀌었다.

이 루틴을 며칠만 하면 벌써 버거웠지만 한 달쯤 지나자 공부가 의지가 아니라 자동화된 시스템처럼 움직였다. 공부가 하루를 통제하는 게 아니라 하루가 공부를 밀어주고 있었다. 이때 나는 깨달았다. 꾸준함은 결심이 아니라 설계의 산물이라는 것을. 의지로는 하루를 버티지만 시스템으로는 평생을 버틴다.

인사이트 **반복의 힘-군대에서 배운 집중의 본질**

군대에서 나는 '시간의 진짜 값'을 배웠다. 자유가 없는 곳에서 비로소 자유의 의미를 깨닫듯, 주어진 시간이 절대적으로 제한된 곳에서 집중이 무엇인지 이해하게 되었다. 공부할 수 있는 시간은 하루 네 시간뿐이었다. 남들은 그 시간을 짧다고 말했지만 나는 그 네 시간을 하루 중 가장 순도 높은 시간으로 만들었다. 집중이란 시간이 많을 때 생기는 것이 아니라 귀할 때 비로소 태어나는 힘이었다.

사람들은 종종 '환경이 나쁘면 공부가 안 된다'고 말한다. 하지만 나는 오히려 환경이 나쁠수록 집중이 더 깊어진다고 믿는다. 제한된 자원 속에서 오직 하나에 몰입해야 할 때 그 몰입의 밀도는 두 배, 세 배로 짙어진다. 그렇게 만들어진 집중력은 이후의 모든 인생 전투에서 가장 강력한 무기가 된다.

반복 또한 그 시절이 내게 남긴 가장 위대한 교훈이었다. 같은 문제를 수십 번 풀고, 같은 오답을 수십 번 고쳐 쓰는 일은 지루함의 싸움이 아니라 자신과 신뢰를 쌓는 일이었다.

"내가 한 번 마음먹은 일은 끝까지 해낸다."

이 단순한 믿음이 쌓여 자존감이 되었고 그 자존감이 다시 동기가 되어 나를 앞으로 끌어당겼다.

반복은 의지를 강화하는 근육이고 집중은 그 근육을 움직이는 신경이다. 군복을 입은 채 공부했던 그 1년 3개월 동안 나는 '환경'이 아니라 '자기 통제력'이 인생을 결정한다는 것을 배웠다. 결국 성공은 지능이나 운의 문제가 아니라 얼마나 오래, 얼마나 끈질기게, 얼마나 변명 없이 반복할 수 있느냐의 문제였다. 그때 배운 한 가지 진리.

"반복은 천재의 대체재가 아니라 천재를 이기는 유일한 방법이다."

나는 그 믿음을 아직도 버리지 못한다. 그리고 지금도 책상 앞에 앉을 때마다 그 시절의 나에게 속삭인다.

"오늘도 네 시간, 집중하자. 그 시간은 인생을 바꾸는 복리의 시간이다."

공부는 머리가 아니라 전략으로 한다
망각곡선을 이기는 반복학습법

공부를 다시 시작한 건 고등학교 3학년이 되던 겨울방학이었다. '공부로 인생을 바꿀 수 있을까?'라는 질문으로 시작된 선택이었다. 그전까지 나는 여러 번의 사업 실패를 겪으며 세상은 단순한 노력보다 '구조를 아는 사람'에게 유리하게 작동한다는 걸 배웠다. 그래서 공부를 시작할 때부터 '머리로 하는 일'이 아니라 '시스템으로 경영해야 하는 일'이라고 정의했다.

공부의 첫 단계는 분석이었다. 내 약점을 정확히 알아야 전략을 세울 수 있었다. 첫 모의고사에서 영어 6등급. 어휘력이 부족했고, 문법은 허술했으며, 독해는 느렸다. 모든 부분이 문제였다. 그래서 처음부터 다시 쌓았다. 남들이 고등학교 교재를 반복할 때, 나는 초등학교 영어책부터 다시 폈다. 문장을 한 줄씩 읽고, 따라 말하고, 손으로 쓰면서 익혔다. 단어 하나하나가 내 안에서 '의미'로 연결될 때까지 반복했다. 하루에 한 권씩 3개월 동안 그렇게 쌓아 올렸다.

처음엔 두세 페이지를 읽는 것도 버거웠지만 속도는 꾸준히 붙었다. 단어가 머릿속에서 문장으로, 문장이 맥락으로 연결되기 시작했다. 중학교 교재로 넘어가자 문법의 패턴이 보였고, 고등학교 교재에선 문장의 구조가 눈에 들어왔다.

그때 느꼈다. 공부는 지식이 아니라 패턴을 찾는 일이다. 패턴을 찾는 순간, 모든 학문이 '언어'처럼 들리기 시작했다. 수학의 공식, 회계의 원리, 법률의 조문까지 모두 "언어의 구조화"라는 하나의 틀로 묶였다. 이건 나중에 모든 시험을 준비할 때까지 내 공부법의 뼈대가 되었다.

영어 실력을 끌어올리기 위해 도입한 건 '주기 반복 학습'이었다. 하루에 새로 공부한 내용을 다음 날, 사흘 뒤, 일주일 뒤, 2주 뒤, 한 달 뒤에 반복했다. 즉, 1-3-7-14-28일 복습 주기 그리고 망각곡선을 역으로 이용한 시스템이었다.

핵심은 '기억을 붙잡는 힘'이 아니라 '망각을 계산하는 힘'이었다. 암기의 비밀은 "얼마나 오래 기억하느냐"가 아니라 "언제 다시 떠올리느냐"에 있었다. 그래서 모든 교재의 뒷장에는 복습 일정을 날짜별로 적어 두었다. 처음엔 비효율적으로 보였지만 3개월이 지나자 눈에 띄게 달라졌다. 한 번 외웠던 문장이 두 번째엔 1분 만에, 세 번째엔 10초 만에 떠올랐다. 그때 느꼈다.

"공부는 머리로 하는 게 아니라 두뇌를 프로그램처럼 설계하는 일이다."

인사이트 **에빙하우스의 망각곡선을 역이용하는 시스템**

헤르만 에빙하우스Hermann Ebbinghaus의 망각곡선은 단순한 심리학 실험 결과가 아니라 내가 공부를 하며 직접 체감했던 '기억이 사라지는 현실의 곡선'이었다. 이 곡선을 처음 봤을 때 마치 주식 차트를 보는 기분이 들었다. 하루만 지나도 기억이 70% 가까이 떨어지고, 일주일이면 90% 이상이 사라진다. 마치 주가가 폭락하듯 머릿속의 지식이 순식간에 증발한다. 그때 '공부란 암기가 아니라 망각의 속도를 관리하는 기술'이라는 것을 알았다.

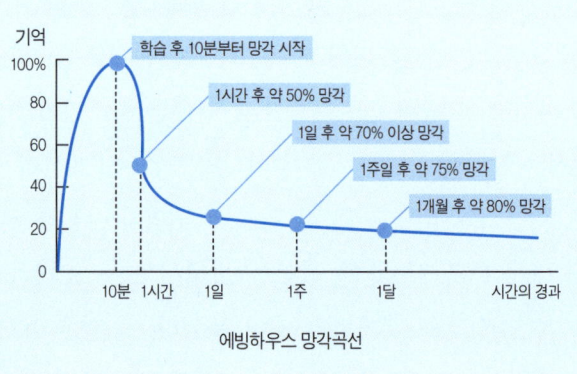

에빙하우스 망각곡선

에빙하우스는 무의미한 음절을 외우고 시간이 지날수록 기억이 얼마나 줄어드는지를 측정했다. 그 결과 기억은 기하급수적으로 줄어들지만, 복습을 하면 곡선이 완만해진다는 걸 증명했다. 나는 이걸 내 공부 시스템의 핵심으로 삼았다.

처음엔 나도 남들처럼 공부했다. 책을 한 번 정독하고 모의고사 한 번 풀고 다음 과목으로 넘어갔다. 그런데 며칠만 지나면 앞서 본 단어들이 처음 본 것처럼 느껴졌다. 한 번 이해한 개념도 흔적이 사라졌고, 자신감도 같이 무너졌다. 그래서 기억을 '다시 꺼내는 훈련'으로 바꾸기로 했다. 노트 한쪽에는 이렇게 적어두었다.

"1일, 3일, 7일, 14일, 28일."

이건 단순한 숫자가 아니라 기억이 복리로 쌓이는 주기였다. 오늘 배운 내용을 하루 뒤, 사흘 뒤, 일주일 뒤 그리고 한 달 뒤에 다시 보는 것이다. 처음엔 귀찮고 비효율적으로 보였지만, 놀랍게도 세 번째 복습부터는 속도가 급격히 줄었다. 처음엔 30분이 걸리던 복습이 10분 만에 끝났고, 나중엔 눈으로 한 번 훑는 것만으로도 완벽히 떠올랐다.

그 과정을 반복하다 보니 머릿속에 '기억의 지도'가 생겼다. 새로운 개념이 들어오면 어디에 꽂을지, 어떤 주기에 다시 볼지를 직관적으로 알게 되었다. 공부는 이제 감정의 영역이 아니라 시간과 주기의 수학적 문제가 되었다.

나는 이 망각곡선을 투자곡선으로 바꿔 생각했다. '오늘의 복습이 내일의 기억 이자interest'가 되는 구조다. 한 번 외운 것은 원금이고, 복습은 복리의 이자다. 그 주기를 설계하는 것이 공부의 본질이었다. 즉, 공부의 핵심은 새로운 걸 많이 배우는 게 아니라 이미 배운 걸 망각 이전에 다시 불러내는 루틴을 만드는 것이다.

그래서 나는 에빙하우스의 실험을 단순한 심리학 이론으로 보지 않는다. 그건 내 삶의 전략이고 시간을 자산으로 바꾸는 실무 기술이었다. 이 법칙을 알고 난 후부터 나는 공부를 '노력'이 아니라 '운용'의 관점으로 보기 시작했다. 공부는 재능의 문제가 아니라 기억 관리의 구조화, 즉 시스템 설계의 문제였다.

지금도 나는 새로운 것을 배울 때마다 이렇게 스스로에게 묻는다.

그리고 그 답을 알고 나면 그 전에 언제 다시 꺼내 볼지 계획한다. 그 두 질문 사이에 내가 설계한 루틴이 있다. 그게 바로 내가 만들어낸 에빙하우스 곡선의 역방향 기억의 복리 곡선이다.

오답노트를 사고노트로
오답은 생각의 흔적이다

처음으로 성적이 올랐을 때, 나는 공부의 비밀을 깨달았다고 생각했다. 하지만 곧 또다시 벽에 부딪혔다. 문제를 풀면 다 아는 듯했지만, 실제 점수는 오르지 않았다. 그때 알았다.

"나는 모르는 게 아니라 모르는 걸 모르는 상태였다."

그날부터 공부의 방향을 완전히 바꿨다. 지식을 쌓는 대신 모르는 영역을 명확히 파악하는 훈련을 시작했다. 교재를 읽을 때마다 모호한 부분에 X표를 쳤고, 시험을 보고 나면 틀린 이유를 한 줄씩 기록했다. 이걸 모아 만든 게 '오답노트'였다. 노트의 첫 장엔 이렇게 썼다.

"모르는 걸 인식하는 순간, 공부는 시작된다."

이 노트는 단순히 오답을 정리하는 것이 아니었다. '왜 틀렸는가'를 파고들기 위한 자기 진단서였다. 이전에는 '이건 어려워서 틀렸어'로 넘어갔다면, 이제는 '왜 어려웠는가', '무엇이 막았는가'를 분석했다. 이 과정에서 내 공부는 달라졌다. 공부량은 줄었지만 이해의 깊이는 깊어졌다. '아는 것'보다 '착각하고 있는 것'을 정리하는 일이 결국 성적을 올리는 가장 빠른 길이었다.

메타인지, 즉 '내가 지금 무엇을 알고 무엇을 모르는지 아는 능력.' 이게 나중에 모든 시험에서 결정적이었다. 시험을 볼 때 헷갈리는 문제를 보면, 즉시 내 머릿속에서 "이건 불확실 영역이야"라는 신호가 떴다. 그건 단순한 직감이 아니라 매일 자기 피드백을 반복한 결과였다. 이후로 공부는 '암기'가 아니라 '인지 관리'가 되었다. 기억을 쌓는 것이 아니라 생각의 빈 공간을 찾아 메우는 일이었다. 그 과정에서 공부는 점점 '지식 축적'이 아닌 '의식 확장'으로 바뀌었다.

나는 오답노트를 만들며 공부를 암기에서 분석으로 바꿀 수 있었다. 내가 실제로 사용했던 방식과 함께 효율적인 오답노트 작성법을 단계별로 정리하면 다음과 같다.

오답노트의 목적: "문제를 다시 푸는 게 아니라 나를 해석하는 것이다."

많은 사람이 오답노트를 '틀린 문제를 다시 적는 것'으로 생각한다. 하지만 진짜 오답노트는 '틀린 이유'를 기록하는 노트다. 오답은 단순히 지식이 부족해서 나오는 것이 아니기 때문이다.

① 문제를 잘못 읽었거나
② 개념을 잘못 연결했거나
③ 실수를 반복하는 패턴이 있다.

그래서 나는 오답노트를 '문제노트'가 아니라 '사고노트'로 만들었다. "내가 왜 틀렸는가?"라는 질문이 핵심이었다.

오답노트 작성 원칙: "문제보다 이유를 크게 써라."

내 오답노트의 구조는 단순했다. 노트 한 페이지를 세 부분으로 나누었다.

① **문제 요약**: 문제의 핵심만 한 줄로(전체 복사는 금지)
② **틀린 이유**: 정확히 무엇을 착각했는지, 어떤 개념을 혼동했는지
③ **정답 접근법**: 다음엔 어떻게 생각해야 하는지 올바른 사고 순서

예를 들어 네트워크 문제를 틀렸다면 이렇게 썼다.
- **문제 요약**: OSPF 라우터 ID 선정 규칙
- **틀린 이유**: Loopback 인터페이스보다 실제 IP를 우선한다고 착각

- **정답 접근법:** Loopback IP → 실제 IP 순서, 같을 경우 높은 값 선택

이렇게 쓰면 다시 볼 때 '문제'보다 '패턴'이 눈에 들어온다. 오답노트의 핵심은 문제 복제가 아니라 사고 복기^{Replay}다.

오답의 유형 분석: "내 실수에도 패턴이 있다."

오답이 쌓이기 시작하면 일정한 패턴이 보인다. 나는 이를 네 가지로 분류했다.

① **지식형 오답:** 개념을 몰라서 틀린 경우
② **주의력형 오답:** 문제를 제대로 읽지 않아서 생긴 실수
③ **논리형 오답:** 개념은 알지만 적용 순서나 조건을 잘못 판단
④ **심리형 오답:** 시간 압박, 자신감 과잉, 피로로 인한 오류

이렇게 분류해 보면 단순히 틀린 문제를 다시 푸는 게 아니라 나의 사고 습관을 데이터처럼 볼 수 있게 된다. 예를 들어 '주의력형 오답'이 많다면 시험 직전에 집중 루틴을 바꿔야 하고, '논리형 오답'이 많다면 문제 풀이 순서를 재설계해야 한다. 즉, 오답노트는 나의 인지 패턴 진단서가 된다.

복습 주기: "망각곡선보다 빨리 되짚기"

오답노트는 한 번 작성하고 끝나는 게 아니다. 에빙하우스의 망각곡선처럼 복습 주기를 설계해야 한다. 나는 오답을 '기억 복리 시스템' 안에 넣었다.

1일 후 → 바로 다시 보기(기억 회복률 약 70%)

3일 후 → 다시 점검(이해 기반 기억으로 전환)

7일 후 → 비슷한 문제로 재적용

14일 후 → 완전 복기, 오답 사라짐 확인

이 주기를 자동으로 돌리면 같은 문제는 다시 틀리지 않는다. 오답노트는 '한 번의 후회'를 '두 번의 기회'로 바꾸는 장치였다.

시각화: "오답은 시그널이다."

나는 오답노트를 단순히 텍스트로만 쓰지 않았다. 중요한 문제는 색상으로 표시했다. 빨간색은 개념 부족, 파란색은 실수형, 초록색은 논리형. 이렇게 색깔로 표시하면 시각적으로 패턴이 드러났다. 페이지를 한눈에 보면 어느 영역에서 내가 자주 흔들리는지가 보였다. 즉, 오답노트는 내 약점을 시각화한 리스크 맵Risk Map이었다. 이를 정리하면 다음과 같다.

- 오답노트는 문제를 다시 쓰는 노트가 아니라 사고를 해

부하는 노트다.

- 핵심은 틀린 이유를 적는 것 그리고 다음엔 어떻게 생각할지를 명시하는 것이다.
- 오답을 패턴별로 분류하면 단순히 공부 실력이 아니라 사고습관을 고칠 수 있다.
- 망각곡선을 반영해 주기적으로 복습해야 한다.
- 색상과 표시로 시각화하면, 자신의 약점이 데이터처럼 보인다.

결국 오답노트는 '나를 바로잡는 거울'이다. 문제를 틀렸다는 건 나의 인식 체계가 한 번 흔들렸다는 뜻이고, 그 흔들림을 기록해두는 순간 지식이 단단해진다. 그래서 나는 지금도 노트에 이렇게 쓴다.

"오답은 실패가 아니라 생각의 흔적이다."

실패의 축적, 합격의 문법
성공의 문턱에서 세 번의 좌절 그리고 상위 1%의 집념

선린인터넷고등학교에서 벤처 사업을 일구며 절박하게 생존을 위한 질주를 하던 나는 이제 사업을 지속하는 대신 '더 큰돈과 영향력'을 벌려는 새로운 전략적 목표를 세우게 되었다. 그것이 바로 회계사였다. 자본주의의 파수꾼이라 불리는 회계사 자격증은 나에게 빚의 굴레에서 벗어날 가장 확실한 무기가 될 것이라고 믿었다.

연세대학교 경제학과에 진학하여 학업을 시작했다. 이미 벤처 사업으로 터득한 극도의 집중력과 목표 설정 능력은 학부 생활에도 그대로 이어졌다. 오직 회계사 시험 합격을 목표로 하면서도 학업을 게을리하지 않았고, 그 결과 경제학과 및 경영학(복수 전공)에서 상위 1%에 해당하는 성적으

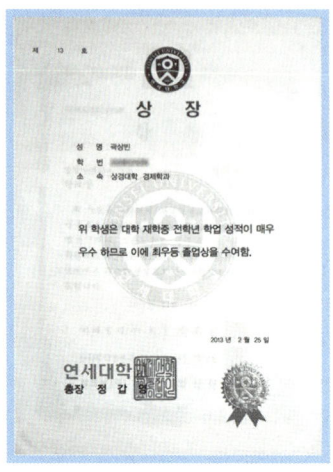

로 '최우등 졸업'이라는 영예를 안았다.

학교 공부는 시험 합격과 직결되는 실력을 다지는 과정이었기에 공부 자체를 즐겼다. 대학교 고시반처럼 틀에 박힌 생활이 싫어 도서관이나 카페에서 공부했지만, 하루에 세 과목씩 끊임없이 반복하며 지식을 압축하는 나만의 방식을 고수했다.

세 번의 낙방: 멈추지 않는 도전

회계사 시험에 합격하기 위한 나의 질주는 순탄치 않았다. 대학 3학년에 재학 중이던 2011년, 마침내 공인회계사 시험에 합격했지만, 이는 총 세 번 낙방을 겪은 후에야 비로소 이루어낸 고통스러운 도전이었다.

① **첫 번째 좌절**: '공부를 시작한 지 얼마 되지 않았으니 운이 좋으면 붙겠지' 하는 안일한 생각과 자만심이 있었다. 당연히 결과는 낙방이었다.

② **두 번째 좌절**: 시험 직전까지도 스스로가 완벽하게 준비되지 않았음을 알았지만, 기계적으로 시험장에 들어섰다. 결과는 역시나 불합격이었다.

③ 세 번째 좌절: 절박한 생존 본능으로 달려온 나에게 연이은 실패는 큰 충격이었다. '시험에 매달려 불안한 눈빛으로 빌빌대던' 과거의 내 모습을 보았고, 정신적으로 크게 흔들렸다.

처음엔 좌절했다. 아니 돈도 떨어지고 공부할 시간도 부족하고 죽고 싶었다. '공부를 이렇게 했는데 왜 안 될까.' 하지만 좌절 속에서 멈추지 않았다. 나의 인생 철학은 '시작하지 못하는 것과 끝내지 못하는 것'을 가장 큰 실수로 여기는 것이었다. 세 번의 실패를 경험한 후 모든 것을 내려놓고 다시 '제로Zero 베이스'에서 시작했다.

불필요한 모든 것을 비워내고(금주, 금연 등) 오직 시험 공부에만 모든 신경을 집중했다. 영화를 보거나 놀러 나가도 돌아와서는 잔상을 남기지 않고 즉시 공부에 몰입하는 고유한 집중 방식이 빛을 발했다. 결국 내가 틀린 건 '공부의 깊이'가 아니라 '방향'이었다. 나는 기본서를 완벽하게 이해하려는 함정에 빠져 있었다. 시험은 '완벽'을 묻지 않았다. 시험은 '패턴'을 묻고 있었다. 그래서 네 번째 도전부터 공부를 완전히 재설계했다.

① 기출문제 중심의 공부로 바꾸었다.

② 출제자의 의도를 중심으로 사고했다.

③ 모든 문제를 주제별로 묶어 단권화 노트를 만들었다.

단권화는 내 공부 인생의 터닝포인트였다. 하나의 교재에 모든 지식을 압축하는 작업이었고, 그걸 20번 넘게 반복했다. 한 문장을 읽을 때마다 '이건 어디에 연결되는 개념인가'를 표시했다. 그 과정은 단순한 암기가 아니라 논리의 구조화였다.

시험을 앞두고 마지막으로 점검하던 날, 문제를 보기도 전에 답이 보였다.

'이건 이론 3장과 연결되는 응용 문제네.'

'여긴 숫자를 바꿔놓은 변형 문제야.'

출제자가 어떤 사고방식으로 문제를 만들었는지가 머릿속에서 자연스럽게 그려졌다. 결국 네 번째 시험에서 1차를 통과했고, 2차 시험에서도 좋은 성적으로 합격했다. 남들보다 한 발 늦은 합격이었지만, 세 번의 실패로 '결과'보다 '과정'과 '멈추지 않는 자세'가 중요함을 깨달았다. 그리고 느꼈다. 성공은 단 한 번의 성취가 아니라 실패를 해석할 줄 아는 사람의 통계적 보상이다.

나에게 공인회계사 자격증은 빚의 굴레를 끊어낸 실질적인 무기인 동시에 실수와 실패를 극복하고 목표를 쟁취하는 나 자신의 집념을 증명한 훈장이었다. 또한 기출의 반복, 구조의 이해, 그리고 메타인지적 피드백은 이후 감정평가사, 변호사 등 30여 개 전문 자격증에 도전할 수 있는 확고한 자신감을 주고 '멈추지 않는 삶'의 동력이자 비결이 되었다.

불합격은 멈춤이 아니라 재정비 시간
불합격을 대하는 자세

불합격은 언제나 나를 가장 깊이 흔드는 단어였다. 그 두 글자를 처음 마주했을 때 한동안 아무 말도 할 수 없었다. 공부한 시간, 흘린 땀, 쏟은 마음이 한순간에 무가치해진 것 같았다. 그 결과 앞에서 나는 마치 세상이 나를 부정한 듯한 기분에 휩싸였다.

"나는 실패했다."

그 생각이 머리를 떠나지 않았다. 하지만 시간이 흐르고 수많은 불합격을 거치며 나는 알았다. 불합격은 실패가 아니라 다음 단계로 나아가는 과정의 일부라는 사실을.

처음에는 불합격을 감정으로 받아들였다. 분노하고, 자책하고, 도망치고 싶었다. 그러나 감정의 소용돌이 속에서 아무엇도 바뀌지 않았다. 불합격을 이기는 첫 번째 방법은 감정이 아니라 구조로 보는 것이었다. 나는 시험 결과를 받으면 책을 덮지 않고 노트를 펼쳤다. 그리고 '왜 안 되었는가'를 분석했다. 단순히 '운이 나빴다'는 식의 위로 대신 '이번엔 어떤 부분에서 구조적으로 약했는가?'를 냉정하게 적었다. 이 과정을 반복하다 보니 불합격이 두렵지 않게 되었다. 그건 상처가 아니라 데이터였고 내 약점을 구체적으로 보여주는 지도였다.

첫 회계사 시험 불합격도 그랬다. 당시엔 공부를 열심히 했다고 믿었지만 돌이켜보면 공부가 아니라 무작정 반복이었다. 복습 주기와 시간 배분이 엉망이었고 '많이 보는 것'과 '제대로 아는 것'의 차이를 몰랐다.

불합격은 그 차이를 통렬하게 깨닫게 해주었다. 결국 나는 공부 방법을 바꾸었다. 양을 줄이고, 복습을 시스템으로 설계했다. 그리고 다음 시험에서 합격했다. 그때 알았다. 불합격은 실패의 증거가 아니라 설계의 수정 신호라는 것을.

불합격이 가장 아픈 이유는 사실 '결과'보다 '자존심' 때문이다. 사람은 누가 평가하는 것보다 스스로를 부정당했다고 느낄 때 가장 흔들린다. 나 역시 그랬다. 하지만 어느 순간 불합격은 나라는 사람 전체를 부정하는 게 아니라 단지 지금의 방식으로는 아직 도달하지 못했다는 신호일 뿐이라고 받아들였다.

그래서 나는 불합격할 때마다 이렇게 스스로에게 말했다. "불합격은 나를 거절한 게 아니라 나에게 시간을 주었을 뿐이다."

그 한 문장을 떠올리면 감정의 불이 서서히 꺼지고 이성의 분석이 시작되었다.

나는 불합격을 '멈춤'이 아닌 '재정비'로 본다. 합격은 사람을 들뜨게 만들지만 불합격은 냉정하게 현실을 보여준다. 어떤 부분이 부족한지, 무엇을 버리고 무엇을 다시 쌓아야 하는지를 그만큼 솔직하게 알려주는 과정은 없다. 그래서 나는 불합격할 때마다 하루를 비워 회고를 썼다. 그때 내 노트에 늘 적던 문장이 있다.

"오늘의 불합격은 내 전략이 틀렸다는 증거이지 내가 틀린 인간이라는 증거는 아니다."

이 문장은 그 어떤 합격 통보보다 나를 성장시켰다.

결국 불합격을 대하는 태도는 '버티는 법'을 배우는 일이다. 계속 가는 사람은 언젠가 통과하고 멈춘 사람만이 진짜 불합격자가 된다. 나는 그렇게 수많은 낙방과 사업 실패를 지나왔다. 그때마다 방향을 수정하고 방식을 고쳤다. 불합격은 나를 막지 못했다. 오히려 나를 다시 세웠다. 불합격이 없었다면 지금의 나도 없었을 것이다.

이제 나는 불합격을 두려워하지 않는다. 그건 나에게 여전히 배울 여지가 남아 있다는 증거이기 때문이다. 불합격이라는 단어의 진짜 의미는 "아직 끝나지 않았다"라는 말이다. 나는 그 뜻을 믿는다. 그래서 불합격 통보를 받아도 펜을 내려놓지 않는다. 오히려 더 단단하게 잡는다. 불합격은 나를 꺾는 게 아니라 합격을 견딜 수 있는 사람으로 단련시키는 과정이라는 것을 알기에. 그리고 그 과정은 나에게 늘 새로운 출발이었다.

합격은 끝이 아니라 새로운 공부의 시작
사회생활이 더 치열하다

합격증을 받던 날, 나는 세상이 달라질 줄 알았다. 도서관에서 밤을 지새우며 쌓아 올린 노력들이 이제 나를 새로운 세계로 데려다줄 거라 믿었다. 하지만 세상에는 아무 일도 없었다. 하루가 바뀌지 않았고, 햇살도, 공기도, 사람들의 표정도 그대로였다. 바뀐 건 오직 내 호칭뿐이었다.

'수험생' 대신 '회계사.'

그 한 단어가 내 인생의 다음 장을 열었지만, 곧 깨달았다. 그건 새로운 출발선에 서기 위한 입문증에 불과했다.

첫 직장에서의 충격

회계법인 첫 출근일, 나는 완전히 백지였다. 이론은 가득했지만, 실무는 하나도 몰랐다. 프로젝트에 배정된 첫날, 책상 위에 쌓여 있는 자료뭉치를 보고 숨이 막히는 기분이었다. '합병 회계검토', '법인세 신고', '지분율 계산'… 익숙한 단어인데, 막상 손에 잡히지 않았다.

선배가 말했다.

"곽 회계사, 이건 연결조정이니까 IFRS(International Financial Reporting Standards, 국제회계기준) 기준에 따라 재작성해요."

나는 고개를 끄덕였지만, 머릿속은 새하얘졌다.

'IFRS 실무서가 어디에 있더라. 연결재무제표 맞는데, 어디서부터 해야 하지?'

결국 나는 선배 책상으로 갔다.

"선배님, 혹시 이건 어떤 방식으로 접근해야 할까요?"

선배는 잠시 나를 보더니 웃으며 말했다.

"그걸 물어보는 게 공부야. 책에 있는 게 전부면 우린 다 천재지."

그 말이 오래 남았다. 시험은 정답이 있었지만, 현실은 정답이 없었다. 문제의 답은 하나였지만, 사람의 해석은 백 가지였다. 그리고 진짜 공부는 그 해석의 세계를 헤쳐 나가는 일이었다.

며칠 뒤, 대규모 합병 프로젝트에 투입되었다. 기업의 가치를 평가하고, 주식교환 비율을 산출해야 했다. 서류는 산더미 같았고, 밤을 새워도 끝이 없었다. 그때 처음으로 느꼈다.

"이건 시험공부와 다른 종류의 전쟁이구나."

나는 다시 공부를 시작했다. IFRS 교재를 다시 펼치고, K-IFRS 기준서를 프린트해 밑줄을 그었다. 새벽 2시가 넘어도 사무실의 불은 꺼지지 않았다. 그때부터 일과 공부의 경계가 사라졌다. 업무가 곧 공부였고, 실패가 복습이었다.

현실에서의 공부는 전쟁

처음 맡은 세무조정 업무 때도 그랬다. 세법은 학교에서 배운 내용과 달랐다. 실무는 조문보다 훨씬 복잡했고, 상황마다 해석이 달랐다. 고객은 실시간으로 물었다.

"이 부분은 손금산입이 되나요?"

"이 거래는 부당행위계산부인 대상인가요?"

그럴 때마다 머릿속이 하얘졌다. 책에는 없는 질문, 정답이 없는 문제들이었다. 결국 퇴근 후엔 늘 세법 해설서를 펼쳤다. 그날 있었던 질문을 전부 정리하고, 하나씩 다시 공부했다. 그 과정이 반복되면서 나는 서서히 실무의 논리를 체득했다. 그건 시험과 달리 '살아 있는 공부'였다. 이 시절의 나는 늘 같은 문장을 마음에 새겼다.

"시험은 정답을 찾는 공부고, 사회는 정답을 만들어내는 공부다."

군 시절의 또 다른 공부

군 복무 중에도 공부는 멈추지 않았다. 재정교관으로 수천 명의 장병을 가르쳤다. 처음엔 단순히 교안을 전달하는 수준이었지만 곧 깨달았다.

"남을 가르치는 것은 내가 진짜 모르는 것을 드러내는 일이다."

매일 새벽마다 교범을 다시 읽고, 세법 개정사항을 최신 버전으로 업데이트했다. 하루에 두 번, 강의 후에는 꼭 피드백을 기록했다. 어떤 부분에서 병사들이 이해하지 못했는지, 어떤 설명이 더 효과적인지 분석했다.

이 과정에서 '공부의 본질'이 바뀌었다. 더 이상 성적을 위한 공부가 아니라 누군가의 이해를 도우려는 공부였다. 즉, 공부가 나를 위한 것이 아니라, 타인을 위해 존재할 수 있음을 처음 느꼈다.

새로운 시대, 새로운 공부

공군 재정장교로 대위를 달고 제대한 다음 다시 민간으로 돌아왔을 때 세상은 이미 변하고 있었다.

금융의 패러다임이 흔들렸고, '비트코인'이라는 낯선 단어가 매우 넓게 사람들 사이를 파고들고 있었다.

처음엔 단순한 호기심이었다. 하지만 곧 깨달았다. 이건 단순한 기술이 아니라 세상의 구조 자체를 바꾸는 사건이었다.

그래서 또다시 공부를 시작했다. 블록체인 기술서적을 주문하고 백서를 직접 번역했다.

비트코인 네트워크의 구조, 채굴의 경제학, 탈중앙화의 논리… 모든 걸 새로 배워야 했다.

그때 알았다. 공부란 과목이 아니라 시대와 함께 진화하는 행위라는 것을. 한때는 회계와 세법이 전부였지만, 이제는 데이터, 알고리즘, 암호경제가 새로운 교과서가 되었다.

공부의 재정의, 혁명이 필요해

이 모든 과정을 지나면서 나는 공부를 완전히 새롭게 정의했다. 수험 공부가 나를 '만들었다면' 현실의 공부는 나를 '확장시켰다.' 책으로 배운 지식은 실무 속에서 의심받고, 사람 속에서 검증되었다. 공부는 더 이상 교재 속에 있지 않았다.

회의에서 들은 한 문장, 고객의 질문 하나, 새로 개정된 조문 한 줄이 모두 내 공부의 일부였다. 매일 아침 출근 전에 다이어리에 같은 문장을 썼다.

"오늘 배운 것을 내일 설명할 수 있을까?"

그 문장이 내 하루를 지탱하는 기준이었다. 설명할 수 없다면, 나는 아직 모르는 것이다. 그 기준으로 다시 복습하고, 다시 연구했다. 그렇게 공부는 내 일상 자체가 되었다.

책상에서의 공부가 아니라, 세상 속에서 부딪히며 배우는 공부. 성공 이후에도, 합격 이후에도, 나는 여전히 '학생'이었다.

끝없는 배움의 여정

지금 돌아보면, 합격은 내 인생의 도착점이 아니라 새로운 학습 인프라의 시작점이었다. 시험은 나를 한 분야의 전문가로 만들었지만, 사회는 나를 끊임없이 학습하는 존재로 만들었다.

새로운 제도가 생기면 공부했고, 법이 바뀌면 다시 교재를 열었다. 세상의 변화가 빠를수록 배우지 않으면 도태된다는 걸 온몸으로 느꼈다. 그래서 나는 늘 준비했다.

새로운 프로젝트에 배정되면 하루 먼저, 남들보다 한 시간 더. 공부는 나의 방패이자 세상과 맞설 수 있는 유일한 무기였다.

"합격은 끝이 아니다. 진짜 공부는 사회에 발을 들이는 순간 시작된다."

지식으로 세상을 읽는 것의 힘

지식은 삶을 설계하는 도구다

처음 사회에 나왔을 때 나는 세상이 논리로만 움직인다고 생각했다. 하지만 현실은 달랐다. 숫자는 진실을 말하지 않았고, 논리는 때로 사람을 설득하지 못했다. 그때 처음 알았다.

지식은 정보가 아니라 언어

이해시키기 위해선 숫자와 문장을 사람의 언어로 번역할 줄 알아야 했다. 회계감사 현장에서 재무제표를 설명할 때도 나는 단순히 수치를 말하지 않았다.

"이건 숫자의 이야기입니다. 이 회사의 시간, 선택, 위험이 이 안에 담겨 있습니다."

그 말을 듣고 고객이 고개를 끄덕였을 때 비로소 느꼈다.

공부로 얻은 지식은 언어로 전달될 때 살아난다는 것을. 그 때부터 나는 보고서를 '분석서'가 아닌 '이야기'로 쓰기 시작했다. 숫자를 줄이고, 문장을 늘렸다. 사람이 이해할 수 있는 문장을 쓰는 일이 진짜 전문가의 역할이라는 걸 깨달았다.

가르치는 사람으로 다시 배우다

군 복무 시절, 재정교관으로 병사 수천 명을 가르치면서 나는 '공부의 새로운 형태'를 체험했다. 처음엔 단순히 내용을 전달하는 일이었다. 하지만 곧 느꼈다.

"누군가에게 설명하지 못한다면, 그건 진짜로 아는 게 아니다."

강의를 준비하면서 나는 내 지식을 처음부터 다시 해체했다.

'왜 이 제도가 만들어졌는가?'

'이 세법 조항이 실제 현장에서 어떤 의미가 있는가?'

이걸 명확히 말로 풀어낼 때 비로소 진짜 이해가 완성되었다. 그 경험은 나중에 교단에 서서 경제학과 투자 그리고 세법을 강의할 때 큰 자산이 되었다. 강단에서 학생들을 바라보며 나는 스스로에게 자주 물었다.

"지식은 전달됐는가, 아니면 통과됐는가?"

그때부터 강의는 일방향이 아니라 질문을 통해 사고를 이끌어내는 대화로 바뀌었다. 내가 공부로 얻은 모든 개념은

'누군가의 이해 속에서 다시 살아나는 과정'에서 또 한 번 단단해졌다.

변화하는 세상, 끝임없는 재학습

합병, 세무, 감정평가, 법률, 투자… 모든 영역은 빠르게 변하고 있었다. 새로운 제도, IFRS의 개정, 세법의 변화, 인공지능 회계, ESG(환경Environment, 사회Social, 지배구조Governance) 그리고 블록체인 자산. 처음 비트코인이 세상에 등장했을 때, 나는 그것을 투자의 대상이 아니라 학습의 사건으로 보았다. 신문의 기사 하나를 읽을 때마다 "이건 왜 생겼을까? 무엇을 대체하려는 기술일까?"를 생각했다. 그 호기심이 내 공부의 연료였다. 밤마다 논문을 찾아 읽고, 블록체인의 구조와 암호화 알고리즘을 이해하려 했다.

새로운 개념을 배우면 바로 강의에 반영했고, 그걸 설명하면서 다시 정리했다. 세상이 변할수록, 공부의 속도도 함께 진화해야 했다.

"공부를 멈추는 순간 세상은 나를 과거형으로 만든다."

지금도 나는 새로운 제도나 기술이 등장하면 가장 먼저 원문을 찾아 읽는다. 남들이 유튜브 요약을 볼 때, 나는 PDF 원문을 프린트해 읽는다. 이건 성격이 아니라 생존의 본능이다.

지식을 돈이 아니라 '판단력'으로 쓴다

전문직이 되고, 투자를 시작하면서 깨달은 게 있다. 공부의 목적은 돈이 아니라 판단력이라는 것. 세상은 매일 '정보'로 넘쳐난다. 하지만 정보는 지식을 대체하지 못하고, 지식은 통찰이 없으면 방향을 잃는다. 투자든, 사업이든, M&A든 결국 중요한 건 판단의 질이다. 나는 수많은 재무제표와 계약서를 보며 배웠다. 숫자 하나가 회사를 살리고, 문장 하나가 회사를 무너뜨릴 수 있다는 것을.

그때부터 공부는 "얼마나 많이 아는가"가 아니라 "어디에 연결할 줄 아는가"로 진화했다. 지식을 쌓는 게 아니라, 의미를 연결하는 일. 그게 진짜 공부였다.

나의 공부는 여전히 현재진행형

지금도 매일 새벽에 공부한다. 논문을 읽고, 새로운 제도를 분석하며, AI·데이터·금융기술의 변화 속도를 따라간다. 하루를 시작할 때마다 나는 스스로에게 같은 질문을 던진다.

"지금 세상을 읽고 있는가, 아니면 세상이 나를 지나가고 있는가?"

공부는 이제 내게 직업도, 의무도, 목표도 아니다. 그건 삶의 형태다. 배우고, 가르치고, 다시 배우는 순환 속에서 나는 조금씩 더 단단해지고 조금씩 더 자유로워진다.

지식은 나의 언어

돌아보면, 공부는 나를 구원했을 뿐 아니라 세상을 해석할 수 있는 언어를 주었다. 그 언어 덕분에 사람을 이해할수 있었고, 기업을 분석할 수 있었으며, 시대를 읽을 수 있었다. 지식은 나에게 세상을 바라보는 프레임이자 삶을 설계하는 도구였다.

"나는 여전히 공부한다. 세상이 변하는 속도보다 단 하루라도 늦지 않기 위해."

에피소드 3 공군 장교 훈련에서 배운 통제의 힘

고통을 이기는 법

공군 장교 사관후보생으로 입대하던 날, 나는 또 한 번전장을 선택했다. 그것은 세상과 싸우는 전장이 아니라 내안의 나약함과 싸우는 전장이었다. 그동안 책상 앞에서 이성으로 버텨왔던 시간은 많았지만 육체의 한계와 본능의 두려움을 정면으로 마주한 적은 없었다. 그래서 나는 일부러장교 후보생이라는 길을 택했다. 공군이라는 이름 앞에서나는 내 안의 이기심과 게으름 그리고 변명과 싸워보고 싶었다.

입소 첫날 새벽 6시, 차가운 나팔 소리가 하늘을 갈랐다.

"기상! 10분 내 점호!"

나는 침낭에서 벌떡 일어나 구겨진 군복을 입었다. 밖은 아직 새벽안개로 덮여 있었고 운동장엔 차가운 흙냄새가 가득했다.

그날 이후 4개월 동안 내 삶의 시계는 완전히 군대의 리듬으로 바뀌었다. 누군가의 구령에 맞춰 움직이고, 같은 시간에 먹고, 같은 시간에 자야 했다. 자유는 사라졌지만 이상하게도 그 속에서 새로운 질서가 피어났다. 통제란 자유의 반대가 아니라 자유를 위한 전제임을 깨달은 것이다.

훈련 초반 일주일은 '적응주'라고 불렸지만 사실상 '낙오자 탈락 주간'이었다. 그 한 주는 말 그대로 시험이었다.

체력과 인내, 규율과 멘털을 동시에 시험하는 시간이었고, 조금이라도 나약한 기색을 보이면 교관의 호명이 떨어졌다.

"후보생, 짐 싸!"

그 한마디에 가방을 메고 떠나는 동기들의 뒷모습을 보며 나는 다짐했다.

"여기서는 체력이 아니라 정신력으로 버티는 것이다."

낙오자의 자리는 언제나 곁에 있었고 내가 그 자리에 서지 않으려면 하루하루를 전력으로 살아야 했다.

적응주가 끝나면 더 악명 높은 시련이 기다리고 있었다. 바로 '지옥주地獄週'였다. 그 일주일은 인간이 버틸 수 있는 한계의 끝을 시험했다. 잠은 하루 세 시간 남짓, 밥은 제대로 먹지 못했고, 비 오는 날에도 완전군장을 한 채 구보를 계속했다. 밤이 되어도 끝나지 않는 훈련, 별빛 아래에서도 "하나, 둘, 셋!" 구령이 울려 퍼졌다. 눈꺼풀이 무겁게 내려앉고 다리가 풀려 쓰러질 것 같을 때마다 교관의 목소리가 날카롭게 꽂혔다.

"곽 후보생, 아직 다 안 썼다. 몸이 아니라 마음이 멈춘 거야."

그 말이 내 가슴을 쳤다. 그 순간 깨달았다. 고통은 통증이 아니라 의지의 문제라는 사실을.

나는 그날 이후 고통의 의미를 완전히 다시 썼다.

"고통은 한계의 증거가 아니라 내가 성장하는 위치를 알려주는 좌표다."

지옥주 마지막 날, 새벽의 하늘은 유난히 맑았다. 얼굴은 검게 그을리고 손바닥에는 굳은살이 터져 있었다. 하지만 마음은 어느 때보다도 평온했다. 이제는 통증을 통제할 수 있었고 두려움을 객관적으로 바라볼 수 있었다. 고통이 두렵지 않은 사람은 없다. 그러나 고통을 분석하고 받아들이는 사람은 결국 이긴다. 나는 그 훈련에서 그것을 몸으로 배웠다. 그 주가 끝나고 돌아온 일상적인 훈련은 오히려 낙원 같았다. 6시에 기상하고, 점호하고, 구보하는 일상이 평화롭게 느껴졌다.

　사람은 한 번 한계의 끝을 경험하면 그 이전의 어려움은 더 이상 위협이 되지 않는다. 고통을 이긴 자만이 고요 속의 집중을 얻는다. 공부도, 사업도, 인생도 결국 같은 원리였다. 훈련은 나를 인간의 기초단계로 되돌려놓았고, 거기서 나는 '자기 통제'라는 새로운 근육을 키웠다.

　밤이 되면 내무반 불이 꺼지고 정적이 찾아왔다. 나는 그때마다 베개 옆에 둔 작은 수첩을 꺼내 하루를 기록했다.

　"오늘은 포기하지 않았다."

　"통증이 왔을 때 숨을 고르고 다시 일어섰다."

　"낙오자 명단에 내 이름은 없었다."

　짧은 문장이었지만 그 기록들이 쌓여 내 안의 훈장을 만들었다. 그 수첩은 지금도 내 서랍 안에 있다. 내가 무너질 때마다 그때의 글을 읽으면 다시 일어설 수 있다.

훈련소 마지막 날, 하늘은 유난히 푸르고, 바람은 묘하게 따뜻했다. 임관식을 앞두고 우리는 제복을 단정히 다려 입고, 그동안의 고통을 증명하듯 서로의 어깨를 두드렸다. 계급장은 이제 후보생이 아닌 '중위'의 표시였다. 그 순간 나는 생각했다.

"이제는 상황이 나를 통제하는 것이 아니라 내가 상황을 통제한다."

4개월의 시간은 짧았지만 그 안에 농축된 경험은 내 인생의 또 다른 교과서였다. 공군 장교 훈련은 내게 세 가지를 남겼다.

첫째, 고통은 관리의 대상이다.

두려움은 통제할 수 없을 때 커지고 체계화할 때 작아진다.

둘째, 완벽보다 지속이 더 강하다.

하루 100% 완벽한 집중보다 80%라도 꾸준히 이어가는 힘이 결국 승리한다.

셋째, 자기 명령에 복종할 줄 아는 사람이 진짜 리더다.

리더십은 남을 움직이는 기술이 아니라 스스로에게 내린 명령을 끝까지 지킬 수 있는 용기에서 비롯된다.

이후 내 삶에서 마주한 모든 위기의 순간마다 나는 여전히 그 시절의 훈련소를 떠올린다. 새벽 안개 속 운동장의 흙냄새, 피곤에 쩐 얼굴들 그리고 귀를 찢던 교관의 목소리.

"곽 후보생, 아직 다 안 썼다."

그 말은 내 인생의 구령이 되었다. 공부가 막힐 때도, 사업이 흔들릴 때도, 인생이 버겁게 느껴질 때도 나는 마음속에서 다시 그 소리를 듣는다. 그리고 조용히 경례를 올린다.

"하나, 극복. 둘, 전진. 셋, 실행."

그것이 내가 배운 진짜 리더십이며 고통을 이기는 가장 단순하고도 확실한 방법이다.

홈 **부산일보** ⊕ 구독

16세 창업 '벤처 소년' 곽상빈 공군장교 임관

입력 2014.12.05. 오전 10:50 · 수정 2014.12.08. 오전 10:49   기사원문

👁 2   💬 댓글

3일 공군교육사령부에서 열린 공군 제133기 학사장교후보 임관식에서 어릴 때 '산전수전'을 겪은 범상치 않았던 벤처 소년 출신이 공군 장교로 임관해 화제를 모았다.

주인공은 곽상빈(27·사진) 중위. 그는 여느 또래라면 사춘기의 방황과 학업 스트레스에 시달리고 있을 중학교 3학년 시절, IT 솔루션 소프트웨어를 개발하는 '데모닉스'라는 IT벤처기업을 창업했다. 이후 3년간 벤처기업의 대표이사로 활동하며 고군분투했지만 현실의 벽은 너무 높았다.

어린 나이에 '사업실패'라는 쓰라림을 맛본 그는 이에 굴하지 않고 절치부심, 고등학생 시절 3개월 만에 IT 관련 국제자격증 10개를 취득했고, 연세대 경제학과에 진학했다.

군대는 리더십을 말로 배우는 곳이 아니었다. 그곳에서는 지시가 아니라 실행의 속도와 정확성이 곧 생존이었다. 지옥주地獄週 동안 나는 깨달았다. 리더십이란 남을 통제하는 기술이 아니라 자기 자신에게 내린 명령을 지키는 힘이라는 사실을.

지옥주 초반, 몸이 버티지 못해 쓰러지는 동기들이 속출했다. 체력보다 먼저 무너지는 건 언제나 '의지'였다. 사람은 배가 고프고 잠이 부족하면 본능적으로 합리화를 시작한다. "이 정도면 충분히 했다."

하지만 진짜 리더는 그 한마디가 나오기 전에 스스로에게 다시 명령한다.

"아직 끝나지 않았다. 더 할 수 있다."

그 명령에 복종할 수 있는 사람만이 다른 사람을 이끌 수 있다.

리더십의 핵심은 자기 통제력Self-Discipline이다. 훈련소에서 배운 가장 중요한 교훈은 '감정의 통제'였다. 추위, 피로, 분노, 억울함이 몰려올 때 그 감정을 밖으로 터뜨리는 대신 그 에너지를 행동으로 전환해야 했다. 분노를 견디는 법을 배운 사람은 위기 앞에서도 침착하다. 감정이 흔들릴수록 더 정확히 움직이는 법을 배운 사람, 그 사람이 진짜 리더였다.

그리고 또 하나. 리더는 혼자 잘 버티는 사람이 아니라 옆 사람을 끝까지 포기하지 않게 만드는 사람이었다. 지옥주 마지막 날, 한 동기가 쓰러지자 다른 후보생들이 팔을 잡고 함께 완주했다. 그날 이후 나는 '리더십이란 결국 책임의 다른 이름'이라는 것을 알았다. 리더는 앞에 서는 사람이 아니라 마지막까지 뒤를 돌아볼 줄 아는 사람이다.

나는 지금도 회사를 경영하며, 팀을 이끌며 그때의 훈련소를 떠올린다. 사무실의 회의실과 훈련장의 공통점은 단 하나다.

혼란 속에서도 방향을 잃지 않는 힘. 그것은 타고나는 성향이 아니라 끝없는 반복과 자기 통제의 훈련에서 길러지는 능력이다. 고통의 끝에서 배운 리더십은 내게 이렇게 속삭인다.

"리더란 자신이 먼저 명령에 복종할 줄 아는 사람이다."

그 한 문장이 지금의 나를 움직인다. 공군 훈련장에서 배운 리더십의 본질은 이제 내 인생의 모든 전장에서 작동하는 가장 강력한 무기가 되었다.

3장

스펙보다 직업,
직업보다 업(業)

스펙의 허상과 평생직업의 진실
취업은 회사에 가는 일, 직업은 내가 평생 하는 일

공인회계사 합격을 확인한 순간을 나는 아직도 기억한다. 합격자 발표가 나던 날 대학 수업을 들으면서도 나는 안절부절못했다. 계속 합격 통지만 기다렸다. 금융감독원 사이트에 접속하여 합격을 조회한 순간이었다.

"합격을 축하합니다."

눈으로는 그 문장을 읽고 있었지만, 머릿속은 하얘졌다. 손끝이 떨렸고, 심장이 이상하게 조용해졌다. 그 몇 년의 고생이, 수천 번의 밤샘이 한순간에 보상받는 기분이었다.

'이제 되었다. 이제 실패는 없다.'

그때의 나는 정말 그렇게 믿었다. 하지만 그 믿음은 오래가지 않았다. 나는 곧바로 취업이 되었다.

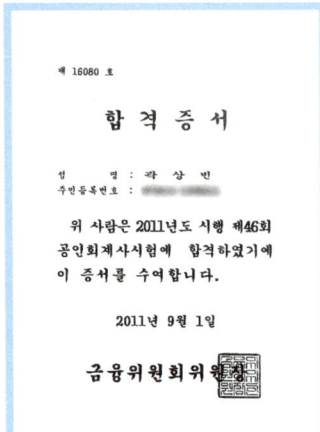

제 16080 호

합 격 증 서

성   명 : 곽 상 민
주민등록번호 :

위 사람은 2011년도 시행 제46회
공인회계사시험에 합격하였기에
이 증서를 수여합니다.

2011년 9월 1일

금융위원회위원장

첫 출근을 하던 날, 정장 어깨는 낯설게 뻣뻣했고 회계법인의 공기는 어딘가 냉철했다. 책상 위엔 수십 개의 엑셀 파일이 있고, 미처 닫히지 않은 모니터엔 감사 조정표가 있었다. 책으로만 배웠던 국제회계기준IFRS의 숫자들이 눈앞에서 살아 움직이는 듯했지만, 정작 그 의미를 완전히 이해하지는 못했다. 선배는 나를 보며 이렇게 말했다.

"곽 회계사, 이건 연결재무제표니까 기준서 확인하고 조정해요."

나는 고개를 끄덕였지만 머릿속은 하얗게 비워졌다. 시험 공부 때는 하루에 수십 개의 문제를 풀며 정확히 외웠던 IFRS가 현장에서는 전혀 다른 언어로 들렸다. '아, 이게 그 조문이구나…'라고 되뇌면서도 막상 손은 마우스를 제대로 움직이지 못했다.

퇴근 시간은 밤 11시를 훌쩍 넘겼고 컴퓨터 팬 소리와 키보드 타닥거림만 사무실을 채웠다. 옆자리 선배가 조용히 말했다.

"여긴 정답이 중요한 곳이 아니야. 중요한 건 상대를 설득할 수 있느냐야."

그 말이 내 머릿속을 세게 때렸다.

'정답이 아니라 설득이라니… 그럼 내가 그동안 배운 건 뭐였을까?'

나는 멍하니 창문 밖을 봤다. 유리창에 비친 내 얼굴은 피곤해 보였고, '합격자'라는 단어가 이제는 의미 없어 보였다. 그날 새벽, 회사 근처 편의점에서 삼각김밥을 먹으며 생각했다.

'나는 정말 이 일을 평생 할 수 있을까?'

그때 처음, 스펙의 허상을 깨달았다. 나는 스펙을 쌓는 데 성공했지만, 정작 그 스펙으로 살아갈 의미는 찾지 못했다. 그날 이후 나는 나에게 이런 질문을 던지기 시작했다.

'나는 회사의 한 사람이 될 것인가, 아니면 나라는 회사를 만들 것인가?'

취업은 회사에 들어가는 일이고, 직업은 내가 평생 하는 일이다. 그리고 업業은 내가 세상에 남기는 흔적이다. 나는 이제 그 업을 찾아야 했다.

직업을 설계하다
수험생을 넘어 '직업 설계자'로 변화한 청년의 시선

스물다섯 살 회계사로 일하던 어느 날이었다. 고객사 미팅을 마치고 돌아오는 길, 문득 이런 생각이 들었다.

'나는 지금, 정말 내가 하고 싶은 일을 하고 있는 걸까?'

그날 밤부터 나는 일기를 썼다. 첫 문장은 늘 같았다.

"나는 무엇으로 살아야 하는가."

그 답을 찾기 위해 나는 밤마다 고용노동부의 '워크넷 WorkNet'과 청년진로포털 '잡이룸Jobyroom'을 켰다. 사람들은 거기서 구직 공고를 찾았지만, 나는 그 속에서 '직업의 구조'를 읽었다. 직무 기술서를 분석하고, 그 일에 필요한 능력을 하나하나 기록했다.

'M&A 컨설턴트'라는 직무를 보며 표를 만들었다. 필요

역량→회계 분석, 세무 구조 설계, 법률 검토, 협상력. 그리고 내 현재 역량→회계 분석 ✅, 세무 구조 ✅, 법률 검토 ⭕, 협상력 ❌. 결국 내게 부족한 건 '사람을 설득하는 힘'이었다. 그래서 법학전문대학원에 진학한 뒤 기억에 남는 특별 강연 과목이 '협상론'이었다. 수업 시간에 교수님이 물었다.

"여러분, 협상이란 무엇입니까?"

학생들은 교과서적인 답을 내놨다. 나는 조용히 말했다.

"협상은 상대의 논리를 존중하면서 이익의 균형점을 찾아가는 과정입니다."

교수님은 고개를 끄덕이며 말했다.

"당신은 법률가보다 경영자에 가깝군요."

그 말이 내게 이상하게 기분 좋게 들렸다. 그 무렵 나는 '직업'을 쌓는 대신 직업을 '조립'하기 시작했다. 회계사의 숫자 감각, 감정평가사의 시선, 변호사의 논리, 손해사정사의 현실감각. 이 각각의 직무가 하나의 부품처럼 느껴졌다. 그 부품들을 조립하자 전혀 다른 형태의 직업이 만들어졌다. 법률로 구조를 세우고, 회계로 수치를 해석하고, 감정평가로 가치를 측정하고 경영으로 방향을 잡는 일. 나는 그것을 직업의 설계라고 불렀다. 이 시기 나는 늘 이렇게 말했다.

"나는 구직자가 아니라 직업 설계자다."

직업의 자산화
회계·감정평가·손해사정·법률·경영지도의 결합, '지식 종합기업가'로 진화하다

공인회계사 합격 후 삼정KPMG 등 회계법인에서 경력을 쌓고 군 재정장교로 복무하는 등 다양한 경험을 한 나는 여기서 만족하지 않았다. 나에게 회계사는 강력한 무기였지만, 기업의 문제를 근본적으로 해결하고 더 큰 영향력을 발휘하려면 '법률'이라는 더 힘 있는 무기가 필요하다고 확신했다. 결국 로스쿨에 진학했고, 변호사 시험에 합격하며 법률 전문가로서 역량을 완성했다.

나의 최종 목표는 이 모든 전문성을 결합하여 최고의 무대에서 일하는 것이었다. 그곳이 바로 국내 최고의 로펌인 김앤장 법률사무소였다. 회계사, 감정평가사 등 30여 개에 달하는 자격증과 기업 재무에 대한 해박한 지식은 곧 나의 강력한 경쟁력이 되었다.

나는 치열한 검증 과정(타 로펌 두 곳 컨펌 및 8번의 면접)을 거쳐 마침내 김앤장 법률사무소의 변호사로 합류하게 되었다. 이는 내가 목표했던 성공의 정점이었다.

나는 로스쿨 2학년 때 꿈꾸던 김앤장 법률사무소 입사를 확답받았다. 이를 이른바 컨펌받았다고 표현한다. 그러나 그 과정은 순탄하지 않았다. 어쨌든 뒤에서 그것의 의미를 설명하겠다.

변호사로 일하며 맡았던 첫 사건은 대형 금융지주의 내부통제 자문이었다. 법률 검토를 하다 보니 자연스럽게 회계 구조가 눈에 들어왔다. 재무제표의 숫자들이 법률 리스크와 맞물려 있었다. 세무, 회계, 법이 하나로 얽혀 있었다.

그날 나는 회의 중에 이렇게 말했다.

"이 계약은 법적으로는 문제가 없습니다. 하지만 회계적으로 손상차손이 발생할 가능성이 있습니다. 세무적으로는 이 연법인세 자산이 소멸될 수 있습니다."

회의실이 조용해졌다. 누군가 말했다.

"회계사 출신이라 다르네."

그때 나는 확신했다. 이건 '직업'이 아니라 '업業'이다. 그 이후 나는 '전문직'이라는 말을 싫어하게 되었다. 전문직이란 결국 '직업의 구분선'을 긋는 단어였다. 나는 경계를 허물고 싶었다.

감정평가사는 자산의 가치를 읽는 사람, 회계사는 숫자로 진실을 말하는 사람, 변호사는 논리로 세상을 해석하는 사람이다. 그 셋을 하나로 묶으면 기업의 구조, 인간의 이해관계 그리고 시장의 본질이 보였다. 그게 바로 내가 찾던 '지식 종합기업가Knowledge Entrepreneur'의 모습이었다.

어느 날, M&A 실무 회의에서 이런 일이 있었다. 한 상장회사가 비상장사를 인수하는 과정에서 법률, 회계, 세무 부서가 각자 다른 방향을 주장했다. 회의가 3시간 넘게 이어졌지만 결론이 나지 않았다. 그때 나는 조용히 말했다.

"이 거래는 법적으로는 문제없습니다. 하지만 이익잉여금 처리 방식에 따라 추후 세무 리스크가 생길 수 있습니다. 감정평가를 다시 검토하면 구조가 단순해집니다."

회의가 끝나자 한 임원이 말했다.

"오늘 처음으로 모든 게 연결돼 보이네요."

그 말을 들으며 나는 '업'이란 바로 이런 것이라는 걸 느꼈다. 서로 다른 지식을 엮어 세상의 복잡한 문제를 단순하게 풀어내는 일. 그게 나의 일이고, 나의 업이었다.

전문직의 미래는 과거 어느 때보다 빠르게 재편되고 있다. 회계사, 변호사, 감정평가사, 세무사, 의사, 손해사정사 같은 전문직은 오랫동안 인간의 판단력과 경험을 기반으로 한 '지식의 직업'으로 여겨져 왔다.

그러나 인공지능, 데이터 분석, 자동화 기술이 이 영역에 깊숙이 침투하면서 전문직의 본질이 바뀌고 있다. 이제 전문직의 경쟁력은 '지식의 양'이 아니라 '판단의 질'과 '시스템을 활용하는 능력'으로 옮겨가고 있다. 그래서 나도 이러한 흐름에 올라타 지속적으로 신사업 진출에 박차를 가하고 있다. 계속 진화하며 도태되지 않기 위해.

과거에는 전문지식의 독점이 곧 권위였다. 세법이나 판례를 꿰뚫고 있다는 사실만으로도 시장에서 우위를 점할 수 있었다. 하지만 지금은 AI가 그 역할을 상당 부분 대체하고 있다. 회계 감사보고서를 AI가 자동으로 검토하고, 변호사 대신 계약서의 리스크를 탐지하며, 감정평가의 표준 데이터는 이미 알고리즘으로 산출된다. 정보의 비대칭성이 사라지고 있는 시대, 전문가의 역할은 단순한 '답을 아는 사람'에서 '답을 구조화하고 판단하는 사람'으로 바뀌고 있다.

따라서 앞으로 전문직은 '단일 직능'으로 살아남기 어렵다. 회계사는 데이터를 읽는 기술을 배워야 하고, 변호사는 기술 계약과 알고리즘의 법적 리스크를 이해해야 하며, 감정평가사는 경제적 모델링과 금융공학의 언어를 익혀야 한다. '복합 전문성'이 곧 생존의 조건이 되고 있다. 실제로 미국과 유럽의 로펌과 회계법인들은 AI · 데이터 분석팀을 내부에 두고, 기술과 법, 회계와 경영의 경계를 허물고 있다. 하지만 아이러니하게도, 이런 변화는 인간 전문가의 존재 이유를 더욱 뚜렷하게 만든다. 인공지능이 아무리 발전해도 책임을 지는 판단, 윤리적 선택, 신뢰의 기반 위에서 결론을 내리는 일은 결국 사람의 몫이기 때문이다. 예를 들어, 재무제표의 오류를 찾아내는 건 AI가 할 수 있지만, 그 오류가 의도적인 조작인지 실수인지 판단하고, 그 결과가 사회적으로 어떤 영향을 미칠지 고민하는 건 여전히 인간의 영역이다.

결국 전문직의 미래는 두 갈래로 나뉜다.

첫째는 기술을 거부하고 과거의 방식에 머무르는 전문가, 둘째는 기술을 흡수하고 새로운 구조를 설계하는 전문가다. 전자는 사라지고 후자는 시장을 지배한다. 미래의 변호사는 AI 계약 분석기를 활용해 더 빠르게 핵심 리스크를 찾아내고, 회계사는 데이터 모델링으로 거래의 실질을 판단하며, 감정평가사는 AI 시뮬레이션으로 가치의 범위를 동적으로 제시할 것이다.

전문직의 본질은 '사람의 신뢰를 얻는 일'이다. 기술이 아무리 발전해도 그 신뢰를 구축하고 유지하는 힘은 결국 윤리, 통찰 그리고 사람을 향한 이해에서 나온다. 미래의 전문가는 기술과 인간 사이의 번역가가 되어야 한다. 데이터를 읽고 기계를 다루되, 최종 결정을 내릴 때는 사람의 언어로 설명할 수 있어야 한다.

따라서 전문직의 미래는 '사라지는' 것이 아니라, 새로운 형태로 재정의되는 과정이다. AI가 계산을 대신하는 시대에 인간 전문가는 판단을 설계하는 직업으로 진화한다. 즉, 미래의 전문직은 도구를 두려워하지 않는 사람, 데이터를 통찰로 바꾸는 사람 그리고 책임을 끝까지 지는 사람에게 열린 직업이다. 이제는 '무엇을 아는가'보다 '무엇을 연결하고, 어떻게 판단하는가'가 진짜 전문성의 기준이 된다.

전문직의 미래는 지식의 시대에서 통찰의 시대로, 기술의 시대에서 신뢰의 시대로 이동하고 있다. 도구는 AI가 만들지만 방향은 여전히 인간이 정한다.

에피소드 4 꿈꾸던 로스쿨 생활과 3년 동안의 인내

군복을 벗던 날, 나는 허공에 대고 깊은 경례를 했다. 40개월간의 군 생활, 수많은 훈련과 근무 그리고 책임의 무게 속에서 스스로를 단단하게 벼려냈다. 계급장은 떨어졌지만 그동안 몸에 새겨진 '통제의 근육'은 남아 있었다. 공군 대위 전역. 이제는 누군가의 명령이 아니라 스스로의 결정을 따라 나아가야 할 때였다.

복무 중 감정평가사 시험에 합격했을 때 나는 스스로에게 하나의 증명을 마쳤다고 생각했다.

"환경이 불리해도 통제할 수 있다면 가능하다."

하지만 전역 후 나는 또 다른 질문을 던졌다.

"그렇다면 지식을 어떻게 세상을 바꾸는 힘으로 만들 수 있을까?"

그 질문이 나를 로스쿨로 이끌었다. 로스쿨 합격자 발표 날, 화면에 내 이름이 떠올랐을 때 나는 눈앞이 하얘졌다. 그토록 원하던 결과였다. 긴 수험생활 끝에 마침내 법학전문대학원이라는 새로운 세상으로 들어가는 순간, 가슴이 벅차오르고 세상이 달라 보였다. 이제부터는 정의를 공부하고 사람의 권리를 지키는 법을 배운다는 기대감으로 가득했다. 하지만 그 설렘은 오래가지 않았다. 현실의 로스쿨은 '꿈꾸던 지성의 전당'이 아니라 끝없는 공부와 시험의 연속 그리고 인내를 요구하는 거대한 전장이었다.

로스쿨 1학년, 세상과 맞서다

입학 첫날, 강의실은 전쟁터 같았다. 학생들은 모두 각자의 전투복을 입고 있었다. 누구는 명문대 학부 출신, 누구는 대기업 경력자, 누구는 이미 사법시험이나 행정고시 등을 준비해온 수험 베테랑이었다. 나는 군복을 벗은 지 얼마

되지 않은 미성숙 민간인이었다. 하지만 두려움은 없었다. 군대에서 배운 한 가지 원칙이 있었기 때문이다.

"두려움을 느낄 때는 이미 싸움이 시작된 것이다."

로스쿨 1학년의 첫 학기는 그 어떤 훈련보다도 고독하고 치열했다. 하루 종일 판례를 읽고, 케이스를 분석하며 밤을 새웠다. 새벽 2시의 도서관에서 불빛 하나 켜진 내 자리, 그곳이 내 새로운 초소였다.

군대에서 매일 새벽 6시에 기상하던 습관은 여전히 내 안에 남아 있었다. 그 습관은 나를 누구보다 먼저 움직이게 했다. 아무리 늦게 자도 아침엔 눈이 떠졌다. 그 시간에 나는 전날 공부한 조문을 다시 써 내려가며 복기했다.

그 반복이 쌓여 차이를 만들었다.

로스쿨에서의 공부는 감정평가사 시험공부와는 완전히 달랐다. 전자가 암기와 논리의 싸움이었다면 후자는 사고의 깊이와 인간 이해의 싸움이었다. 법학은 단순한 지식을 나열하는 것이 아니라 '인간은 무엇을 정의라 믿는가'를 끊임없이 묻는 학문이었다.

그래서 로스쿨의 첫해는 시험보다 '내가 누구인가'를 묻는 과정이었다. 나는 책상 앞에서만 공부하지 않았다. 법정 방청석에도 자주 앉았다. 변호사와 판사의 언어, 피고인의 표정 그리고 판결문이 나오기 전의 긴 정적. 그 속에서 나는 배웠다.

'사유의 기술'을 가르쳐준 로스쿨

로스쿨의 하루는 단조로웠지만 결코 가볍지 않았다. 공부량부터 상상을 초월했다. 아침부터 밤까지 수업, 과제, 시험의 반복이었다. 수업마다 새로운 법리가 쏟아졌고, 어제 배운 내용이 오늘의 기초가 되는 동시에 내일의 출제범위였다. '예습-수업-복습'이라는 단순한 루틴 속에서 하루가 완전히 흡수되었다. 특히 로스쿨에는 이른바 '브리핑'이나 토론식 완화 수업이 거의 없었다. 그 대신 매일같이 새로운 개념, 새로운 판례, 새로운 이론이 쏟아졌고 그 모든 것을 스스로 정리하고 소화해야 했다. 하루만 게으름을 피우면 바로 다음 날 수업에서 낙오자가 되었다.

그래서 수업이 끝나면 도서관으로, 밤 10시가 되면 스터디룸으로, 주말에는 케이스북을 통째로 읽으며 조문을 비교했다. 이때 군에서 배운 집중력이 내 무기가 되었다. 남들은 피곤에 지쳐도 나는 이미 '지옥주'를 견딘 사람이었다. 내게 이 정도 피로는 고통이 아니라 리듬이었다. 지속의 힘이 결국 승부를 가른다는 걸 나는 알고 있었다.

로스쿨 1학년이 끝날 무렵 나는 점점 깨닫기 시작했다. 이곳의 진짜 경쟁자는 동기들이 아니라 '어제의 나'라는 것을. 전역을 하고 다시 학생이 된다는 건 쉽지 않았다. 계급장을 달고 부하를 지휘하던 사람이 이제는 교수님 앞에서 조문 하나 틀리면 지적을 받는 자리로 돌아온 것이다. 그러나 나는 그 모순을 두려워하지 않았다. 그 순간조차 성장의 연장선이라 믿었다. 군대가 내게 '통제의 기술'을 가르쳤다면 로스쿨은 내게 '사유의 기술'을 가르쳐주었다.

세상을 해석하는 눈을 얻기 위해

시험은 학기마다, 심지어 한 달에 한 번꼴로 찾아왔다. 기말고사가 끝나면 바로 다음 과목의 중간평가가 기다렸고, 그게 끝나면 모의시험이나 실무평가가 이어졌다. 늘 새로운 법전과 판례집이 책상 위에 쌓였다. 민법을 다 외웠다 싶으면 상법이 등장했고, 상법이 끝나면 형법이 덮쳤다. 한숨 돌릴 틈이 없었다. 로스쿨 3년은 말 그대로 '시험의 연속'이자 '시간과의 전쟁'이었다.

가장 힘들었던 건 공부의 양이 아니라 그 끝이 보이지 않는 긴장감이었다. 매일 새로운 내용을 배우지만, 그걸 완전히 이해하고 내 것으로 만드는 건 또 다른 차원의 문제였다. 교수님들은 한 과목당 수백 개의 판례를 언급했고, 시험은 그중 어느 부분에서든 나올 수 있었다. 그래서 늘 불안했다.

"혹시 내가 모르는 게 나오면 어쩌지?"

그 불안감은 마음의 짐이자 나를 공부로 이끌어가는 원동력이었다. 로스쿨에서 '평균'이라는 단어는 존재하지 않았다. 모든 성적은 상대평가였다. 누군가 한 문제를 더 맞히면 누군가는 한 등급이 떨어졌다. 같은 반 친구가 좋은 점수를 받으면 기쁘면서도 마음 한쪽이 무너졌다. 그런 심리적 경쟁이 3년 내내 이어졌다. 하지만 시간이 지나면서 나는 조금씩 배웠다. 진짜 싸움은 남과의 경쟁이 아니라 자기 자신과의 싸움이라는 것을.

로스쿨 생활의 본질은 인내였다. 새벽 2시까지 도서관 불빛 아래에서 판례를 읽고 커피로 정신을 붙잡은 채 다음 날 시험 준비를 하는 밤들이 이어졌다. 때로는 너무 지쳐 책을 덮고 하늘을 올려다보며 생각했다. '내가 왜 이 길을 택했을까?' 하지만 그 물음 끝에는 언제나 같은 답이 돌아왔다.

"이 길의 끝에는 내가 꿈꾸던 세상이 있다."

대위로 전역하던 날의 다짐은 지금도 내 마음속에 남아 있다.

"이제는 명령이 아니라 스스로의 원칙으로 움직여라."

그리고 로스쿨 1학년의 밤마다 나는 그 원칙을 되새겼다. 세상은 언제나 복잡하고 불합리하지만 그 속에서 질서를 세우고 정의를 찾아가는 일이 바로 법의 역할이었다. 나는 그때 알았다. 법을 공부한다는 것은 결국 '세상을 해석하는 눈'을 얻는 일이라는 것을.

3년의 시간은 길었지만 동시에 순식간이었다. 처음에는 버티는 것조차 힘들었지만 점점 버티는 힘이 길러졌다. 어떤 시험도, 어떤 불안도 결국 지나간다는 것을 배웠다. 로스쿨은 나에게 법을 가르친 곳이 아니라 자기 자신을 단련하는 법을 가르친 곳이었다.

졸업을 앞두고 캠퍼스를 걸을 때 3년 전의 나를 떠올렸다. 법전에 둘러싸여 새벽까지 버티던 그 시절의 나. 결국 그 모든 순간이 지금의 나를 만들었다. 지식보다 더 값진 것은 인내였고, 합격보다 더 중요한 것은 포기하지 않는 마음이었다.

이제 나는 안다. 로스쿨의 3년은 단순히 공부의 시간이 아니라 '스스로를 증명해낸 시간'이었다는 것을. 꿈꾸던 로스쿨은 결코 쉽지 않았지만 그 치열함 속에서 나는 진짜 나를 만났다. 인내는 때로 가장 고통스럽지만 그 인내가 사람을 완성시킨다. 나는 그 3년을 견뎠고 그 3년이 나를 만들었다.

매일 밤을 지새운 '과부하의 시간'
성공의 정점에서 마주한 압도적인 업무 강도

김앤장 변호사로 일했던 시절은 이전에 겪었던 어떤 수험 생활이나 벤처 사업의 밤샘보다도 압도적인 업무 강도 속에서 과부하에 걸린 시간이었다.

나의 일과는 새벽부터 시작되어 다음 날 새벽까지 이어지는 것이 일상이었다. 주로 조세, 핀테크, 금융송무, 공정거래, 기업지배구조 등 복잡하고 난도가 높은 기업 관련 업무를 담당했다. 특히 대규모 세무조사 대응 같은 프로젝트는 일 년 내내 이어지는 경우가 많았다.

책상에는 내가 완벽하게 이해하고 처리해야 할 방대한 양의 서류와 법률 자료가 산더미처럼 쌓여 있었다(이때 모니터를 3개나 써서 목디스크도 생겼다). 프로젝트 하나를 하려면 회계,

세무, 법률 지식을 모두 동원해야 했고, 한 치의 실수도 용납되지 않는 최고 수준의 정확성이 요구되었다.

퇴근 시간은 무의미: '저녁식사'는 자리에 앉아 간단한 도시락이나 샌드위치로 해결하는 것이 전부였다. 사무실 불이 꺼지는 시간은 없었고, 매일 밤늦게까지 이어지는 야근은 선택이 아닌 의무였다. 때로는 다음 날 새벽까지 일하다가 해가 뜨는 것을 보고 겨우 2~3시간 눈을 붙인 후 다시 출근하는 생활을 반복했다.

끊임없는 완벽주의: 너무 많은 일을 동시에 처리하면서도 모든 일에 완벽을 기하려는 강박관념에 사로잡혀 있었다. 하나의 업무라도 허투루 넘어가는 법이 없었고, 스스로 만족

할 때까지 끝없이 검토하고 수정했다.

이런 태도는 나를 끊임없이 성장시켰지만 동시에 혹독한 자기관리와 긴장의 연속이었다. '잠'과 '휴식'은 스스로 허락할 수 없는 사치였고, 작은 실수조차 용납되지 않는 환경에서 늘 긴장된 마음으로 하루하루를 버텨야 했다. 그 결과 한동안 불면증과 피로에 시달렸지만, 그 시기는 나에게 완벽함에 대한 집착이 얼마나 위험한지는 물론 진정한 프로패셔널리즘이란 단순한 완벽이 아니라 균형 속의 지속임을 깨닫게 해준 시간이기도 했다.

고독한 전투: 회계사와 변호사 자격을 모두 가진 나는 프로젝트의 중심이었기에 책임감 또한 극도로 높았다. 복잡한 문제를 해결하고자 고독하게 자료를 분석하고 논리를 구축하는 일은 말 그대로 '정신적인 전투'였다.

김앤장에서의 이 치열했던 시간은 나에게 '성공'의 달콤함과 동시에 '극도의 피로'를 안겨주었다. 거의 몇몇 분야는 최고봉에 도달했는데도 육체적, 정신적 과부하 속에서 또다시 '이것이 내가 찾던 삶의 전부인가?'라는 근원적인 질문에 직면하게 되었다. 결국 이 경험은 나에게 성공을 넘어선 소명, 즉 '돈과 명예'가 아닌 가치 중심의 일을 찾아 새로운 도전을 감행하게 하는 중요한 동력이 되었다.

최고가 된 후 최고의 자리를 내려놓는 용기 있는 결정은 이 압도적인 '야근의 시절'에서 얻은 성찰의 결과였다.

참고 **내게 대한민국 최대 로펌 김앤장 법률사무소 입사의 의미**

김앤장 법률사무소에 입사하기까지의 길은 결코 단순한 '취업의 여정'이 아니었다. 그것은 한 인간이 자신을 극한까지 밀어붙이며 실패와 절망을 디딤돌로 삼아 성장한 과정이었다.

나는 IMF 시대의 한복판에서 가정의 몰락을 경험했다. 아버지의 사업 실패로 하루아침에 모든 것을 잃었고, 고등학교 진학조차 제대로 선택할 수 없었다. 친구들이 명문고와 학원으로 향할 때 나는 실업계 고등학교로 갔다. 세상은 이미 나를 낙오자로 규정했고, 나 역시 스스로를 그렇게 믿었다. 하지만 그때 내 안에서 아주 미세한 반항심이 싹텄다.

"이대로 살 순 없다. 나를 증명해야 한다."

나는 홈페이지 제작, 인터넷 쇼핑몰, 프랜차이즈 납품업까지 세 번 창업을 시도했지만 세 번 모두 실패했다. 절망 속에서 남은 것은 '아무것도 증명할 수 없는 나 자신'이었다. 그때 만난 문장이 내 인생을 바꿨다.

"공부는 가난한 자에게 허락된 마지막 투자다."

그 말을 붙잡았다. 새벽부터 밤까지, 하루 열여섯 시간을 공부했다. 수능을 세 번 치르고, 공인회계사 시험에 세 번 떨어지고 네 번째에 붙었다. 그다음엔 감정평가사, 손해사정사, 변호사 자격증을 차례로 땄다. '성공'이라기보다 '버텨낸 시간의 총합'이었다.

로스쿨에 진학하고 나서도 김앤장을 목표로 삼는다는 건 '하늘의 별 따기'와 같았다. 나보다 똑똑하고, 영어를 잘하고, 배경이 좋은 사람들이 즐비했다. 하지만 나는 알고 있었다. 그 경쟁의 세계에서 유일하게 나를 지탱할 수 있는 것은 공부와 절박함뿐이라는 사실을. 나는 법률서적을 통째로 외웠다. 실무 사례를 수십 번 정리하고, 모의면접을 수백 번 반복했다. 밤 2시에 집에 돌아와도 잠들기 전까지 판례를 읽었다.

김앤장에 들어가고 싶었던 이유는 단순히 명함에 이름을 새기기 위해서가 아니었다. 내가 배운 회계, 세무, 감정평가, 경영학 그리고 법률을 하나로 통합해 세상을 분석하고 해결하고 싶었기 때문이었다.

당시 내게 김앤장은 그 꿈을 실현할 수 있는 유일한 무대였다. 합격 통보를 받던 날, 나는 잠시 말문이 막혔다. 그리고 떠올랐다. 밤새워 외웠던 판례집, 도서관의 불이 꺼진 뒤 홀로 앉아 있던 시간 그리고 수없이 떨어지던 그때의 나 자신. 그 모든 실패가 나를 이 자리로 데려다주었다는 사실을 깨달았다.

김앤장 입사는 내게 하나의 '도착점'이 아니라, 공부가 인생을 바꿀 수 있다는 증거이자 새로운 출발선이었다. 세상은 지금도 빠르게 변하고, 인공지능이 법률문서까지 분석하는 시대가 왔다. 그러나 나는 알고 있다. 기술은 도구일 뿐, 끝까지 살아남는 것은 절박하게 배우고, 포기하지 않고, 자신의 업을 만들어가는 인간이라는 사실을.

그래서 나는 오늘도 스스로에게 이렇게 다짐한다.

"나는 여전히 공부 중이다. 어제의 나보다 한 줄 더 배우는 한 나는 아직 성장 중이다."

업業은 생계가 아니라 사명
업은 누군가의 꿈을 현실로 만드는 일

시간이 흘러 사람들은 나를 '다자격 전문가'라고 불렀다. 하지만 그 말이 늘 불편했다. 그건 마치 내가 자격증을 수집한 사람처럼 들렸기 때문이다. 내가 정말 원한 건 '업의 언어'를 배우는 일이었다. 회계는 숫자의 언어, 법은 논리의 언어, 감정평가는 가치의 언어였다. 그 언어를 모두 배워서 하나의 메시지로 전달하고 싶었다.

어느 날, 스타트업 대표가 찾아왔다.

"대표님, 저희가 토큰을 발행하려고 하는데 법적으로 문제가 없을까요?"

나는 사업계획서를 받아 들고 말했다.

"이건 기술의 문제가 아니라 구조의 문제입니다. 법이 지탱하지 못하면 기술은 시장에 설 수 없습니다."

그는 고개를 끄덕였다. 그때 깨달았다. 업이란 누군가의 꿈을 현실로 만드는 일이다. 업은 이제 내 생계가 아니라 내 사명이 되었다. 계약서 한 줄, 세무조항 하나, 감정평가의 수치 하나에도 '사람의 삶'이 녹아 있다는 것을 알게 되었다. 그 일을 하면서 나는 매일 스스로에게 물었다.

"오늘 나는 내 업에 부끄럽지 않은가?"

돌아보면 나는 늘 '스펙'을 좇았다. 합격증은 늘어나고, 자격은 쌓였지만 그것들이 내 인생의 의미를 대신해주진 못했다. 진짜 나를 증명한 건, 그 자격증으로 만들어낸 이야기였다. 회계사로서 분석력, 감정평가사로서 시선, 변호사로서 논리. 그 모든 조각이 모여 '곽상빈'이라는 업業을 완성했다. 누가 내게 묻는다.

"무슨 일 하세요?"

나는 잠시 생각하다 이렇게 말한다.

"저는 공부로 생계를 이어온 사람이 아니라 지식으로 세상을 설계하는 사람입니다."

그게 나의 직업이자 업이다.

소명을 위한 도박
적자를 견딘 개업, 이듬해 누적 매출 100억의 기적

김앤장 법률사무소라는 최고 로펌의 자리는 나에게 명예를 주었지만 동시에 끝없는 야근과 과부하로 '이것이 내가 원하는 소명인가?' 하는 근원적 질문을 던졌다. 돈과 명예를 넘어선 '가치 중심의 경영과 법률 서비스'를 실현하고자 하는 새로운 목표를 세웠다. 물론 좋지 않았던 건강도 퇴사를 준비하는 데 한몫했다. 그리고 2023년, 그 목표를 현실화하고자 대형 로펌의 안정된 자리를 박차고 나와 회계법인 부대표 및 개인 법률사무소 파트너로 개업이라는 대담한 도전을 감행했다.

2023년 상반기: 개업 첫해, 적자라는 냉혹한 현실과 파격적인 승부수

개업 첫해는 예상대로 냉혹한 현실을 보여주었다. 대형 로펌의 후광 없이 '개인'의 이름을 걸고 시작하는 일은 '무無'에서 '유有'를 창조하는 것과 같았다. 특히 초기 투자 비용과 고정 지출로 처음 몇 달은 수익보다 지출이 훨씬 큰 적자 상태가 지속되었다. 물론 동업자가 좀 더 스트레스를 받았을 것 같다. 나보다 투자금이 컸으니 말이다. 이 냉혹한 상황을 돌파하려고 나는 아주 파격적인 승부수를 던졌다. 바로 경정청구(과오납 세금 환급) 서비스에 '착수금 0원, 전액 성공보수'라는 비즈니스 모델을 집중한 것이다. 다른 사업은 웬만큼 접고 이것에 올인했다.

착수금 0원의 의미: 경정청구는 세금 환급 가능성을 검토하는 복잡한 업무였지만 고객사의 부담을 완전히 없앴다. 이는 곧 '우리의 실력으로 환급을 받아내지 못하면, 우리에게도 수익은 없다'는 극한의 자기 확신과 책임감을 담은 선언이었다. 이는 고객사 입장에서 리스크가 전혀 없는 가장 매력적인 제안이었다.

소명과 전략의 일치: 이 전략은 단순한 마케팅이 아니었다. 나는 30여 개 자격증으로 다져진 회계, 세무, 법률 지식을

총동원하면 대형 로펌이나 일반 회계법인이 놓친 환급 가능성을 찾아낼 수 있다는 확신과 설득 전략이 있었다. 즉, 이는 가치를 창출하지 못하면 돈을 받지 않겠다는 나의 가치 중심 경영 철학을 가장 명확하게 실현하는 방법이었다.

하지만 이 파격적 승부수는 개업 초기의 재정 압박을 더욱 심화했다. 착수금이 없었기에 당장 돈이 들어오지 않는 상태에서 직원 인건비와 운영비는 오롯이 내 몫이었다. 벤처 사업을 시작했을 때의 절박함이 다시금 나를 짓눌렀지만, '결과보다 과정 그리고 멈추지 않는 자세'를 다시 한번 되뇌며 이를 악물고 버텼다.

2024년: 멈추지 않는 질주, 매출 합산 100억 달성

개업 첫해의 적자라는 냉혹한 터널을 지나온 지 1년 만인 이듬해, 회계법인, 자문사, 로펌, 유튜브 사업 등이 폭발적인 성장을 이루었다. 착수금 없이 시작된 경정청구 프로젝트들이 성공적으로 마무리되면서 그 성과에 비례한 '성공보수'가 물밀듯이 들어왔다.

성공보수의 기적: 극한의 전문성을 바탕으로 환급을 성공시킨 사례가 누적되면서 단순한 수수료가 아닌 큰 규모의 성공보수를 확보할 수 있었다.

전문성이 곧 마케팅: 오직 실력과 성과로만 평가받겠다는 '착수금 0원'의 약속은 최고의 마케팅이 되었다. 고객들은 리스크 없이 나의 전문성을 경험했고, 이는 곧 강력한 입소문과 추가 프로젝트 수주로 이어졌다.

소명과 성장의 결합: 이 성공은 돈이라는 결핍에서 시작된 것이 아니라 '고객에게 실질적인 도움을 주겠다'는 소명에서 출발한 것임을 증명했다. 30개 자격증의 지식을 총동원하여 고객의 잠재적 가치를 극대화하는 나의 철학이 비즈니스로도 성공할 수 있음을 입증한 것이다.

이 성공 스토리는 '성공'의 정의를 확장한 내 철학을 고스란히 보여준다. 실패를 두려워하지 않고 가슴 소리를 따라 미지의 영역에 뛰어들어 극한의 자기 책임감(착수금 0원)으로 완벽한 가치를 창출하는 것. 그것이 바로 내가 빚에서 시작된 질주 끝에 발견한 진정한 성공 방식이다.

M&A 솔루션 기업 WMD 공동설립
과거 실패를 소명으로 승화하다

김앤장 법률사무소를 나와 회계법인과 법률사무소를 개업하며 성공보수 기반의 경정청구 사업으로 큰 성과를 거두었지만, 여전히 마음 한편에 지워지지 않는 숙제가 있었다. 그것은 바로 나의 첫 스타트업 '데모닉스'의 아쉬운 결말이었다. 젊은 시절의 치기 어린 성공에 도취되었다가 결국 사업을 매각하고 청산했던 경험은 나에게 '창업의 완주는 엑시트Exit까지'라는 뼈아픈 교훈을 남겼다.

이 과거의 실패를 단순한 트라우마로 남기지 않고 다른 창업가들에게 실질적인 도움을 주는 소명으로 승화하려고 2024년 말, AI 기반 M&A 솔루션 기업인 WMD(We Make Deal)를 공동 설립하는 새로운 도전에 나섰다. 지금은 70건 정도를 자문하고 있지만 그 당시엔 막막했다.

창업의 종착점, 엑시트를 돕겠다는 소명

WMD 설립의 핵심 목표는 명확했다. 창업가들이 피땀 흘려 키운 회사가 단순히 매각되는 것이 아니라, 가장 합당한 가치를 인정받고 성공적으로 '엑시트'할 수 있도록 돕는 것이었다. 수많은 스타트업 대표가 복잡하고 불투명한 M&A 과정 앞에서 좌절하는 것을 보았고 회계사, 변호사로서 축적한 전문 지식이 바로 이들을 위한 '가이드라인'이 될 수 있다고 확신했다.

과거 실패의 교훈: 나의 첫 창업 경험은 재무적, 법률적 지식의 부재가 결국 성공적인 엑시트를 어렵게 만들 수 있음을 알려주었다. 이제 WMD를 통해 그 시절의 나처럼 외로운 길을 걷는 창업가들의 '종착점 도우미'가 되고자 했다.

M&A 자문 시장의 판을 뒤집는 '착수금 0원' 전략

WMD의 비즈니스 모델은 나의 법률 및 회계 사무소 전략을 훨씬 더 대담하게 적용한 것이었다. 통상적인 M&A 자문 시장에서는 수천만 원에서 수억 원에 달하는 착수금이 기본이었다. 이는 초기 스타트업에 엄청난 부담으로 작용하여 좋은 자문 서비스를 받는 것을 주저하게 만드는 진입 장벽이었다. 나는 이 시장의 판을 완전히 뒤집기로 결정했다.

파격적인 제안: WMD는 M&A 자문 및 엑시트 컨설팅 서비스에 '착수금 0원, 전액 성공보수'라는 파격적 조건을 내세웠다. 이는 곧 "우리가 당신의 회사를 성공적으로 팔아주지 못하면 단 한 푼도 받지 않겠다"라는 강력한 선언이었다.

실력에 대한 극한의 자신감: 이 전략은 30여 개 자격증과 김앤장 경험으로 다져진 나의 실력과 분석 시스템에 대한 최강의 자신감을 바탕으로 했다. AI 기반 솔루션으로 기업 가치를 가장 정확하게 평가하고, 잠재적인 인수자를 발굴할 수 있다는 확신이 있었기에 가능한 승부수였다. 동업자도 회계사이면서 변호사인 훌륭한 사람이기에 더 효과적인 전략구사가 가능하다고 생각했다.

가치 실현: 이 모델은 창업가의 리스크를 완전히 제거하고 오직 '성공적인 엑시트'라는 동일한 목표를 향해 달려가게 했다. WMD의 모든 노력은 오직 엑시트의 성사 여부와 규모에 집중되었고, 이는 나의 '가치 중심 경영' 철학을 M&A 시장에서 완벽하게 실현하는 방식이었다.

WMD는 창업가들의 절실함을 이해하고 과거 내 실패를 소명으로 삼아 그들의 성공적인 종착을 돕겠다는 굳은 의지로 빠르게 성장하고 있다. 착수금 없이 오직 결과로만 승부하는 이 전략은 M&A 자문 시장에 신선한 충격을 던져주며, 나의 새로운 도전이 올바른 방향임을 다시 한번 증명하고 있는 것이다.

일본과 유럽, 미국 M&A 시장으로

WMD는 기술이 실무를 바꾸도록 1년 동안 정비했다. M&A 현장에서 매번 느껴왔던 복잡한 딜소싱 절차, 정보의 비대칭, 자문사 간 비효율적인 커뮤니케이션 같은 불편함을 근본적으로 해결하려고 하나의 플랫폼을 만들기 시작했다. 그렇게 시작된 프로젝트가 바로 WMD의 M&A 플랫폼이었다. 단순한 데이터베이스가 아니라 자문사와 기업, 투자자들이 한 공간에서 실시간으로 거래 기회를 찾고 검토할 수 있도록 설계된 종합 시스템이다.

개발 과정은 쉽지 않았다. 시장 데이터를 구조화하고 산업별 필터링과 거래 적합도 알고리즘을 구축하는 데만 수개월이 걸렸다. 그러나 결국 딜소싱에 최적화된 툴셋을 완성했다. 거래 가능성이 높은 기업을 자동으로 추천하고, 밸류에이션과 산업 동향을 즉시 비교 분석할 수 있는 시스템이었다. 한마디로 'M&A의 직관을 데이터로 치환한 플랫폼'이었다.

이 플랫폼을 기반으로 WMD는 1년간 100건이 넘는 거래를 직접 소싱했다. 단순한 리스트업이 아니라 실제 협상 테이블까지 이어지는 실질적 딜이었다. 중소기업부터 중견그룹 계열사, 해외 진출을 모색하는 제조·헬스케어 기업까지 플랫폼은 산업의 경계를 넘어 거래를 연결했다.

이제 우리 시선은 한국을 넘어 다음 무대는 일본, 유럽, 미국이다. 특히 일본은 M&A 시장의 성숙도가 매우 높고, 스트라이크Strike Company, 니혼M&A센터Nihon M&A Center 같은 거대 자문사들이 전국 네트워크를 통해 지역 중소기업의 승계를 돕고 있다. 우리는 이들과 협업을 시작했다. 단순히 기술 제공에 그치지 않고 데이터 기반의 딜 매칭 시스템을 현지화하여 공동 프로젝트를 추진하고 있다. 일본의 M&A 문화는 보수적이지만, 정확성과 신뢰를 중시한다는 점에서 WMD의 기술적 접근법과 잘 맞는다.

한편 유럽과 미국에서는 이미 기술 중심의 M&A 생태계가 빠르게 자리 잡고 있다. WMD는 현지 자문사들과 네트워크 파트너십을 구축하며 그들의 인사이트를 기반으로 글로벌 버전의 플랫폼을 확장하고 있다. 유럽의 구조조정형 거래, 미국의 스타트업 인수형 거래는 한국 시장과 다른 논리로 움직인다. 그렇기에 우리는 단순히 '해외에 진출하는 것'이 아니라 각 시장의 구조에 맞는 데이터 언어를 번역하는 작업을 하고 있다. WMD의 목표는 단순하다.

"M&A의 언어를 표준화하고 사람의 감을 데이터로 전환

및 연결하는 것."

우리는 이미 그 첫 단계를 한국 시장에서 증명했다. 이제 그 경험을 들고 일본과 유럽, 미국으로 향하고 있다.

M&A는 더 이상 특정 전문가만의 영역이 아니다. 기술이 결합된 M&A는 중소기업들의 시너지를 극대화하고 자본주의 경제 활성화를 이끌어내며 누구든 시장에서 전문가와 협업할 수 있도록 해준다. 우리가 개발한 플랫폼은 그 첫 번째 실험이자 새로운 시대의 시작이다. WMD는 이제 한국의 성공을 넘어 글로벌 시장에서 M&A를 데이터 산업으로 재정의하는 기업이 되려 한다. 그 길의 시작점에 우리가 있다.

100% 성공보수로 일하는 것의 매력
내가 매료된 소명의 두 축

나에게 경정청구(세금 환급)와 M&A 자문은 단순한 업무 분야가 아니라 나의 전문성과 소명 의식이 가장 강하게 발휘되는 '가치 창출의 무대'이다. 이 두 분야에 내가 매료된 이유는 개인 경험과 철학이 깊이 녹아 있기 때문이다.

세금 환급(경정청구)의 매력: '숨겨진 정의'를 실현하다

내가 경정청구 분야에 집중한 것은 '숨겨진 정의를 실현한다'는 강력한 소명 의식 때문이다.

성공보수 전략의 근거: 내가 이 사업을 '착수금 0원, 전액 성공보수'라는 파격적인 모델로 시작한 것은 '내가 아니면 찾을 수 없는 돈'이라는 확신이 있었기 때문이다. 세금은 복잡하고 어렵기 때문에 많은 기업이 법이 허용하는 환급의 기회를 놓치고 있다. 나는 30여 개 자격증으로 다져진 회계, 세무, 법률 지식을 총동원하여 일반적인 전문가들이 발견하지 못한 사각지대의 법적 근거를 찾아낸다.

고객의 부담 해소와 신뢰 구축: 고객은 원래 자신의 돈이었지만 놓치고 있던 '숨겨진 돈'을 돌려받게 되고, 우리는 그 성과에 대한 합당한 대가를 받는다. 고객은 리스크 없이 이익을 얻고, 우리는 오직 실력으로 돈을 버는 이 구조는 가장 공정하고 투명한 형태의 비즈니스라고 생각한다. 이는 내가 추구하는 '가치 중심 경영'을 가장 완벽하게 실현하는 것이다.

단순한 환급을 넘어선 의미: 이 업무는 기업의 재무 건전성을 즉각 개선하여 기업이 그 돈을 다시 투자하고 성장 동력으로 삼도록 돕는다. 나에게 경정청구는 단순히 세금 돌려받기가 아니라, 세무 행정 속에서 기업에 억울하게 지워진 부담을 덜어주고 성장할 기회를 되찾아주는 '구원투수' 역할인 것이다.

M&A 자문의 매력

WMD를 공동 설립하고 M&A 자문에 뛰어든 것은 과거 나의 실패를 현재의 소명으로 승화한다는 지극히 개인적인 이유에서 비롯된다.

과거의 아픔을 치유하는 과정: 16세에 창업했던 나의 첫 스타트업이 결국 성공적인 '엑시트'가 아닌 아쉬운 결말로 끝난 경험은 나에게 큰 숙제로 남아 있다. 나는 이제 다른 창업가들이 그 아픔을 겪지 않도록 돕고 싶다. 창업가들이 흘린 땀과 열정이 가장 합당한 가치로 보상받는 '유종의 미(?)'를 설계하는 일에 매료되었다.

복잡성을 단순화하는 역할: M&A는 법률, 회계, 세무, 금융, 심리 등 모든 요소가 복잡하게 얽혀 있는 고난도의 퍼즐과 같다. 30여 개 자격증으로 이 퍼즐 조각들을 하나하나 맞춰 가장 투명하고 효율적인 '엑시트 시나리오'를 제시한다. 창업가에게는 복잡한 법률 분쟁이나 재무 실사 과정 없이 오직 성과에만 집중할 수 있도록 돕는 '정신적인 안정감'을 제공하는 것이다.

성공보수 전략의 완성: M&A 자문 역시 착수금 0원, 전액 성공보수라는 파격 전략을 고수하는 것은 나의 모든 전문 지식을 걸고 창업가와 운명을 함께하겠다는 선언이다. 이로써 나는 단순한 조언자가 아니라 창업가들의 '마지막이자 가장 중요한 동반자'가 된다.

결론적으로 경정청구와 M&A 자문은 나의 전문성(회계, 법률)이 가장 빛을 발하여 고객의 '잠재적 손해를 막고' 동시에 '극대화된 가치를 실현'해 주는 분야이다. 이는 나에게 단순히 돈을 버는 일이 아니라 '최고의 실력으로 세상에 가장 필요한 가치를 제공하는 것'이라는 나의 궁극적 소명을 실현하는 수단이다.

4장

역진귀납법으로
인생을 설계하라

경제학으로 꿈을 역산하다
20년 뒤의 나를 설정하고 거꾸로 현재를 설계하라

나는 경제학을 공부하면서 '역진귀납법Backward Induction'이라는 개념을 처음 배웠다. 주로 게임이론이나 의사결정이론에서 쓰이는 전략적 사고법으로, 끝에서부터 거꾸로 생각하는 것이다. 결과를 미리 상상하고 그 결과에 이르기까지의 길을 하나씩 거슬러 확인해 나가는 사고의 기술이다. 수학의 귀납법이 출발점에서 미래로 나아가는 논리라면, 역진귀납법은 결말에서 현재로 되돌아오는 사유의 역행이다.

폰 노이만과 모르겐스턴이 게임이론에서 처음 제시한 이 방법은 우리가 어떤 선택을 할 때 '지금의 옳음'만이 아니라 '끝의 의미'를 함께 묻도록 만든다. 이것이 처음엔 단순한 계산 공식처럼 느껴졌지만 어느 날 문득 깨달았다.

"이건 단순한 수학이 아니라 인생 설계의 원리구나."

우리가 인생에서 길을 잃는 이유는 대부분 현재만 보기 때문이다. 지금의 불안, 당장의 선택, 눈앞의 시험에만 매달리다 보면 정작 어디로 가는지 모른 채 헤맨다. 나 역시 그랬다. 세 번의 창업 실패, 세 번의 시험 낙방 그리고 끝없는 좌절의 반복. 그때 나는 '현재'만 붙잡고 있었지 '미래의 방향'을 설정하지 않았다. 그래서 나는 인생을 게임처럼 분석하기 시작했다.

'만약 20년 뒤의 내가 세상에서 존경받는 전문가로, 누군가의 멘토로 서 있다면 그때 나는 어떤 능력을 갖추고 있을까?'

'그 능력을 갖추려면 10년 뒤에는 무엇을 하고 있어야 할까?'

'그럼 5년 뒤에는 어떤 공부를, 오늘은 어떤 일을 해야 할까?'

그렇게 20년 뒤의 나를 기준으로 거꾸로 현재를 계산했다. 그 과정에서 인생의 복잡한 문제들이 놀라울 정도로 단순해졌다. 시험을 칠지, 어떤 자격증을 취득할지, 어떤 회사를 목표로 할지 등 모든 결정이 '미래의 나'에서부터 자연스럽게 흘러왔다.

"미래를 명확히 보면 현재의 선택이 명료해진다."

이것이 내가 깨달은 역진귀납법의 힘이었다.

목표가 분명할수록 합격은 가까워진다
꿈이 모호한 공부는 실패할 수밖에 없다

공인회계사 시험에서 세 번이나 떨어졌을 때 처음 든 생각은 '내가 공부를 못하나?'였다. 그러나 시간이 지나고 보니 그건 공부의 문제가 아니었다. 목표가 불분명했기 때문이었다. 처음엔 막연히 '좋은 직업을 가져야겠다', '가난에서 벗어나야겠다'는 마음뿐이었다. 하지만 그것은 목표가 아니라 욕망에 불과했다. 목표는 구체적이고, 측정 가능하며, 실행 가능한 것이어야 한다. 그래서 네 번째 도전할 때 나는 완전히 다르게 접근했다. 시험공부를 시작하기 전에 한 달 동안 '내가 이 자격증으로 무엇을 할 것인가'를 스스로에게 물었다.

'회계사가 되어 어떤 일을 하고 싶은가?'

'내가 진짜 원하는 건 회계 자체인가, 아니면 경영과 법을

함께 아우르는 통합적인 일인가?'

그때부터 공부의 방향이 달라졌다. 회계원리 한 줄을 공부할 때도 '이게 기업의 의사결정에 어떤 영향을 미칠까?'를 생각했다. 숫자를 외우던 공부가 논리를 세우는 공부로 바뀌었다. 공부는 도구일 뿐이다. 목표가 없으면 그 도구는 흉기가 되고, 목표가 분명하면 그 도구는 무기가 된다. 명확한 목표를 세운 순간, 집중력이 두 배로 늘었다. 새벽 4시 기상, 하루 16시간 공부, 주말도 예외가 없었다. 그렇게 세 번의 낙방 끝에 네 번째 도전에서 나는 합격했다. 그때 깨달았다.

"공부는 목표의 선명함으로 결정된다. 꿈이 흐릿한 사람은 반드시 길을 잃는다."

인사이트 **하루를 24시간 이상으로 사는 방법**

하루는 누구에게나 똑같이 24시간이 주어진다. 하지만 그 시간을 어떻게 쓰느냐에 따라 인생의 밀도는 완전히 달라진다. 어떤 사람은 하루를 버티듯 살고, 어떤 사람은 하루를 작품처럼 채워간다. 나는 오랫동안 일하면서 공부를 병행했고, 여러 프로젝트를 동시에 추진해야 했기에 '어떻게 하면 하루를 더 길게 살 수 있을까'를 늘 고민했다. 그리고 결국 시간을 늘리는 방법은 '시간 관리'가 아니라 '에너지 관리'라는 것을 알았다.

아침은 하루 중 가장 고요하고 강력한 시간이다. 세상이 깨어나기 전 2시간은 마치 나에게만 주어진 보너스 같은 시간이었다. 그 시간에 나는 가장 어려운 일을 했다. 중요한 결정을 내리고, 깊은 사고가 필요한 공부나 글쓰기를 했다. 새벽의 집중도는 낮의 세 시간보다 깊었다. 그렇게 하루를 시작하면 이후의 22시간이 훨씬 명료하고 단단해졌다.

나는 하루를 잘게 쪼개지 않았다. 그 대신 '집중의 덩어리'로 살았다. 오전에는 일, 오후에는 공부, 밤에는 글쓰기. 단 하나의 일에만 몰입하는 시간은 마치 시간이 늘어난 듯한 착각을 준다. 집중의 깊이가 곧 시간의 밀도를 바꾸기 때문이다. 멀티태스킹은 겉으로는 효율적이지만 결국 시간의 질을 떨어뜨린다. 나는 단 하나의 일만 남기고 나머지를 지웠다. 그렇게 하루의 흐름을 단순하게 유지할수록 결과는 오히려 풍요로워졌다.

무엇을 할지 고민하는 데 쓰는 시간도 줄여 가능한 한 결정의 개수를 최소화했다. 아침 식사는 늘 같고, 입는 옷의 색상도 거의 일정했다. 사소한 선택을 줄이면 중요한 일에 쓸 정신적 에너지가 남는다. 단순함은 여유를 낳고 여유는 깊은 집중을 가능하게 한다.

그러나 하루를 진짜 24시간 이상으로 만드는 힘은 휴식의 설계에서 나온다. 나는 일과 일 사이에 의도적인 공백을 두었다. 10분의 산책, 커피 한 잔 또는 조용히 눈을 감고 숨을 고르는 시간. 그 짧은 쉼이 하루의 리듬을 살렸다. 달리기만 하는 사람보다 호흡을 아는 사람이 더 오래 달린다.

그리고 하루의 마지막은 언제나 기록으로 마무리했다. 그날 가장 잘한 일 한 가지, 아쉬웠던 점 한 가지 그리고 내일의 목표 한 줄. 그렇게 하루를 되돌아보면 그 하루가 단순히 지나가는 시간이 아니라 '완성된 단락'으로 남는다. 기록은 시간을 붙잡는 행위다. 매일의 기록은 쌓이면 인생의 좌표가 된다.

찰리 멍거Charles Munger는 "성공한 사람은 시간을 관리하는 사람이 아니라 시간을 만들어내는 사람"이라고 했다. 나에게 이 말은 평생의 원칙이 되었다. 시간을 쪼개 쓰려 애쓰기보다 시간을 '투자'하는 법을 배워야 한다. 단 30분이라도 나 자신을 성장시키는 일에 쓰면 그 시간은 24시간의 경계를 넘어 인생의 방향을 바꾼다.

나는 오늘도 단순한 하루를 산다. 불필요한 약속을 줄이고, 해야 할 일을 명확히 하며, 가장 에너지가 높은 시간에 중요한 일을 배치한다. 그렇게 살면 하루가 단순히 24시간이 아니라 남들보다 두 배는 더 길고 밀도 있게 느껴진다. 시간은 누구에게나 공평하게 주어지지만 집중은 공평하지 않다. 집중하는 사람에게 하루는 24시간이 아니라 48시간이다. 결국 하루를 24시간 이상으로 사는 방법은 더 많은 일을 하는 것이 아니라 더 의미 있는 일에 온전히 몰입하는 것이다.

계획의 과학, 실행의 예술
곽상빈식 '백워드 플래닝' 인생전략

곽상빈식 '백워드 플래닝Backward Planning' 인생전략은 무엇일까? 백워드 플래닝은 인생의 '복리표' 같은 사고법이다. 끝에서부터 거꾸로 계산하면 오늘 해야 할 일이 자연스럽게 드러난다. 목표는 미래에 있지만 계획은 늘 현재에서 시작된다. 백워드 플래닝의 장점은 목표가 명확해지고 불필요한 단계가 줄어들며, 현실적인 일정이 나온다는 것이다. 물론 단점도 있다. 초반 계획에 지나치게 의존하면 유연성이 떨어질 수 있으며, 목표 설정이 모호하면 전체 계획이 흔들릴 수 있다.

백워드 플래닝은 내가 항상 생각하는 주제다. 많은 사람은 계획을 세우는 데만 머문다. 그러나 진짜 중요한 건 계획을 움직이게 만드는 실행력이다. 나는 이 두 가지를 '계획의 과학'과 '실행의 예술'이라고 한다. 계획은 냉정해야 한다. 나는 늘 인생을 엑셀 시트처럼 구조화했다. 20년, 10년, 5년, 1년 단위로 목표를 세우고 각 목표 아래에는 세부 행동 계획을 적었다.

"5년 안에 변호사 자격 취득 → 3년 안에 회계와 세법 마스터 → 1년 안에 재무제표 완전 이해."

이렇게 구체적인 수치와 기한을 두면 막연함이 사라지고 행동이 생긴다. 하지만 실행은 과학이 아니라 예술이다. 계획대로 되지 않을 때가 대부분이고 변수는 늘 생긴다. 그래서 나는 '루틴'으로 그 혼란을 제어했다. 새벽 네 시 기상, 하루 16시간 공부, 점심시간 30분, 저녁시간 1시간. 그 일상이 반복될수록 몸이 계획을 대신했다. 의지가 아니라 습관이 나를 공부방으로 데려갔다.

어느 날이었다. 새벽 도서관 문을 열며 피곤에 찌든 얼굴로 거울을 봤다. 순간 이런 생각이 들었다.

"지금 나는 아무 결과도 없지만, 이미 성공한 사람처럼 살고 있구나."

그때 알았다. 성공은 '합격'이라는 결과가 아니라 매일 계획을 실행하며 미래의 나로 살아가는 과정 자체라는 것을. 이것이 곽상빈식 '백워드 플래닝' 인생전략의 본질이다.

인공지능 시대에도 이 원리는 그대로 통한다. 기술이 아무리 빠르게 바뀌어도, 꿈의 방향을 정하고 거꾸로 계산하는 사람은 흔들리지 않는다. 미래를 예측하는 가장 확실한 방법은 점을 치는 것이 아니라 그 미래를 직접 설계하는 것이다.

"우리는 인생을 한 번만 살지만, 설계는 수백 번 할 수 있다. 그러니 오늘의 나는 내가 만든 미래의 결과물이어야 한다."

숫자로 증명해온 삶
이제 신뢰로 증명하는 삶을 위해

자격증 38개, 학사·석사·박사 학위 취득, 연매출 100억 원, 유튜브 구독자 20만 명 그리고 매년 1,000곳이 넘는 기업 미팅과 수백 건의 계약 체결. 이 모든 숫자는 내 지난 시간을 요약해 주는 상징이다. 누군가에게는 자랑으로 들릴지도 모르지만, 내게 숫자는 단순한 기록이 아니라 존재의 증명이었다. 아무도 나를 인정해 주지 않던 시절, 나는 오직 숫자로 나를 증명해야 했다. 그 시작은 아주 단순했다.

"결과로 보여주자."

어릴 때부터 '넌 안 될 거야'라는 말을 수도 없이 들었다. 몸무게 100kg이 넘던 시절, 친구들의 조롱과 선생님의 무심한 시선 속에서 결심했다.

"언젠가 이 모든 말에 숫자로 답하겠다."

나는 매일 한 걸음씩 쌓기 시작했다. 공부하고, 자격증을 따고, 다시 공부했다. 하루 두 시간씩 자며 버텼고, 불합격 통보에도 멈추지 않았다. 그렇게 쌓인 자격증이 어느새 38 개다. 변호사, 회계사, 감정평가사, 세무사, 손해사정사, 가맹거래사, 금융투자분석사…. 사람들은 놀라지만 나는 그 숫자들이 단순히 '시험 합격의 기록'이 아니라 내가 살아남은 흔적임을 알고 있다.

사업을 시작한 후에도 나는 숫자로 세상을 증명했다. 매년 1,000곳이 넘는 회사를 만나며 M&A, 감정평가, 소송 및 법률자문, 경정청구 상담을 진행했다. 처음에는 짧은 미팅 한 번이 전부였지만 이제는 한 해 동안 미팅 노트만 정리해도 수백 페이지가 된다. 그 수많은 만남 속에서 나는 사람과 기업의 본질을 배웠다.

숫자가 아니라 이야기로 경영되는 기업, 재무제표에는 잡히지 않는 창업가의 신념과 철학, 그 안의 진짜 가치를 보는 눈이 생겼다. 그렇게 만들어진 계약이 해마다 누적되면서 율현회계법인과 WMD, 개인적인 컨설팅의 계약건수는 기하급수적으로 늘어갔다. 하지만 숫자가 늘어날수록, 나는 점점 더 조심스러워졌다. 성장은 수치가 아니라 구조의 건강함으로 판단해야 한다는 걸 알게 되었기 때문이다.

2024년 비즈니스 합산 연매출 100억 원을 달성했을 때 사람들은 내게 "이제 성공했네요"라고 말했다. 하지만 나는 그 말을 들으며 웃지 못했다. 그 숫자가 만들어지는 과정이 얼마나 고단했는지를 나는 알고 있었다. 새벽 3시에 보고서를 쓰고 잠들기 직전까지 계약서를 검토하며 버텼던 시간들, 그 안에는 화려함보다는 외로움과 피로, 책임감이 있었다. 그래서 생각했다.

"숫자는 결과를 말해주지만 그 안의 과정을 설명하지는 못한다."

유튜브 구독자 10만 명을 넘겼을 때도 그랬다. 조회수는 늘었지만 나는 숫자보다 사람들의 변화에 더 집중했다. 한 명의 시청자가 내 영상을 보고 용기를 얻었다는 댓글, 그 한 줄의 문장이 구독자 수보다 더 의미가 컸다. 그때 깨달았다. 숫자는 외형의 척도이지만 진심의 크기는 수량화할 수 없다.

나는 한때 숫자에 중독되어 있었다. 합격자 수, 조회수, 매출, 계약건수. 숫자가 늘어날수록 스스로가 강해진다고 착각했다. 하지만 어느 순간 알게 되었다. 숫자가 많아질수록 마음의 여백은 줄어든다. 사람들은 성과의 끝만 보지만 그 숫자를 만드는 과정에서 나는 인간적인 온기를 잃어가고 있었다. 그 후로 나는 숫자를 목표로 삼는 대신, 숫자 뒤의 의미를 보기 시작했다.

자격증 38개는 단지 '성취의 집합'이 아니라 넘어졌던 횟수와 다시 일어선 시간의 총합이다. 연매출 100억 원은 돈의 규모가 아니라 고객의 신뢰 총량이고, 매년 1,000곳의 기업 미팅은 한 사람의 이야기와 만남의 기록이다. 구독자 20만 명은 숫자가 아니라 내 진심이 닿은 사람들의 총합이다.

숫자는 나를 여기까지 데려왔다. 하지만 이제 나는 숫자보다 의미를 남기는 사람이 되고 싶다. 계약 건수보다 신뢰의 깊이를, 매출보다 가치를, 조회수보다 사람의 변화를 더 중요하게 여긴다. 숫자가 커질수록 겸손해야 한다는 걸 그리고 숫자는 나를 증명하는 수단이지 목적이 되어서는 안 된다는 걸 배웠다.

이제 나는 숫자로 증명하지 않는다. 나는 하루를 증명한

다. 오늘 만난 사람의 얼굴, 오늘 쓴 문장, 오늘 지켜낸 원칙. 그 하루하루가 쌓여 만들어지는 진짜 성과는 결국 숫자가 아닌 신뢰의 무게로 남는다. 그리고 나는 그 무게로 내 인생을 증명하고 싶다.

어려움을 극복하는 나만의 노하우
실패해도 제자리로 돌아온다

나는 인생에서 수많은 어려움을 겪었다. 시험에 낙방하고, 사업에서 손실을 내고, 밤새 준비한 제안이 거절된 날도 있었다. 하지만 나는 멈추지 않았다. 돌이켜보면 나를 여기까지 버티게 해준 건 재능이 아니라 어려움을 다루는 나만의 방식이었다.

나는 문제를 피하지 않고 정면으로 마주 보는 법을 배웠다. 먼저 나는 현실을 부정하지 않는다. 문제가 생기면 감정적으로 반응하기보다 있는 그대로 상황을 분석한다.

"왜 일이 이렇게 됐는가?"

이 질문 하나를 중심으로 원인을 쪼개고 구조를 본다. 사업이 흔들릴 때도 마찬가지였다. 매출이 줄면 '운이 나쁘다'

고 탓하지 않고, 고객 데이터와 시장 흐름을 다시 분석했다. 감정 대신 데이터로 접근하면 두려움이 줄고 방향이 보인다. 나에게 어려움이란 '감정의 문제'가 아니라 '분석의 대상'이 었다.

또한 나는 루틴을 절대 깨지 않는다. 힘든 날일수록 새벽에 일어나고, 하루를 정해진 리듬대로 산다. 김앤장 시절, 한 달에 300시간씩 일하면서도 새벽 운동과 공부 시간을 놓치지 않았다. 사업이 힘들 때도, 계약이 무산될 때도 일정표를 수정하지 않았다. 루틴이 무너지면 마음이 무너진다. 그래서 나는 매일 일정한 시간에 책상에 앉고, 일정한 순서로 하루를 시작한다. 그 습관은 단순한 규율이 아니라 나 자신을 신뢰한다는 증거였다.

또 하나의 원칙은 기록하는 것이다. 나는 문제가 생기면 감정 대신 사실을 쓴다. '이유', '데이터', '해결 방안'이라는 세 가지 항목으로 정리한다. 예를 들어, 계약이 취소되면 '왜 실패했는가?'를 항목별로 적는다.

- 고객의 요구 파악 실패
- 제안 시기 부적절
- 내부 리소스 부족

이렇게 정리하면 막연한 불안이 구체적인 할 일 목록으로 바뀐다. 기록은 감정을 객관화하고 감정이 아닌 실행으로 나를 이끈다. 나는 어려움을 극복할 때 동기를 밖에서 찾지 않는다. 누가 도와주지 않아도 괜찮다. 그 대신 나보다 더 큰 이유를 붙잡는다. 가족, 팀원, 나를 믿고 함께하는 사람들. 그들이 내 책임이 되었을 때 어려움은 피할 수 있는 문제가 아니라 반드시 해결해야 하는 의무가 되었다.

"내가 쓰러지면 이 사람들도 흔들린다."

그 생각이 나를 다시 일으켜 세웠다. 동기의 크기가 곧 회복력의 크기였다. 그리고 나는 피하지 않는다. 작게라도 전진한다. 한 걸음이 너무 작아 보여도 멈추지 않는 게 중요하다. 논문을 쓸 때도, 사업이 위기에 빠졌을 때도 나는 매일 한 줄이라도 썼고, 한 사람이라도 더 만났다. 그렇게 쌓인 작은 행동이 결국 큰 돌파구가 되었다. 경험상, 움직임이 곧 생존이다. 완벽한 타이밍을 기다리면 평생 움직이지 못한다.

마지막으로 나는 마음을 관리하는 법을 배웠다. 문제가 많을수록 몸을 먼저 움직인다. 운동을 하면 생각이 단순해지고, 책상과 노트를 정리하면 머릿속이 맑아진다. 좋은 책을 읽고, 그 안에서 나보다 더 큰 관점을 만나면 지금의 어려움이 상대적으로 작게 느껴진다. 이 단순한 습관이 내 감정을 리셋해 주고 다시 중심을 잡게 해준다.

결국 어려움을 극복하는 힘은 화려한 기술이 아니다. 현실을 직시하고, 루틴을 지키며, 작은 전진을 반복하는 꾸준함이다. 나는 실패할 때마다 다시 같은 자리로 돌아왔다. 책상 앞, 새벽 운동장, 노트 한 권.

그 익숙한 장소로 돌아가 다시 처음부터 쌓았다. 그 반복이 나를 단단하게 만들었다. 그래서 나는 지금도 어려움이 닥치면 이렇게 생각한다.

"이건 나를 더 강하게 만드는 훈련이다."

결국 위기는 나를 무너뜨리는 게 아니라 내 안의 근육을 단련하는 기회가 된다.

못하는 것을 포기할 줄 아는 용기

역할을 나누고 신뢰를 세워 한계를 넘는다

사업을 처음 시작했을 때 나는 모든 일을 스스로 해야 직성이 풀렸다. 선린인터넷고등학교 시절 데모닉스를 창업했을 때도 그랬다. 학교에서 내어준 작은 사무실에 책상 몇 개와 팬 소리 큰 컴퓨터 본체 몇 대가 전부였지만, 그 공간 안에서 나는 기획자이자 개발자였고, 디자이너이자 영업사원이었으며, 심지어 회계와 계약, 고객 응대까지 도맡았다. 제품 방향을 잡고 코드 한 줄을 고치는 일과 견적서를 보내고 세금계산서를 발행하는 일이 같은 하루 안에서 섞여 있었다.

밤을 새운 다음 날 아침이면 피곤한 눈으로 발표를 하고, 발표가 끝나면 다시 서버 로그를 들여다보았다. 누구의 손도 빌리지 않겠다는 마음이 책임감이라고 믿었지만, 지금 생각하면 그것은 미숙한 집착이었다. 일의 우선순위가 매일 뒤섞였고 버그 하나, 계약서 한 줄, 디자인 버튼 하나가 모두 같은 무게로 느껴지면서 정작 중요한 결정을 제때 내리지 못했다. 소프트웨어는 발전했지만 시장은 기다려주지 않았고, 산업자원부장관상이라는 명예를 얻었음에도 수익 모델을 정립하지 못한 채 운영비에 쫓겼다. 결국 사무실의 불을 끄던 날, 나는 한 사람이 모든 것을 떠안는 방식으로는 조직이 자라지 못한다는 단순한 진실을 받아들였다.

그 실패가 내 사고방식을 바꾸었다. 이후 회계·법률·평가의 현장을 거치며 다시 사업가로 돌아왔을 때, 나는 처음부터 역할과 책임을 나누는 설계를 최우선 과제로 삼았다. 지금의 회계법인에서는 파트너들이 각자의 전문 영역을 끝까지 책임진다. 나는 주로 영업관리를 담당하고 다른 회계사들은 업무에 더 집중한다. 나는 모든 보고서를 끝장까지 들여다보는 대신 고객군을 정의하고, 세그먼트별 영업 전략을 세우며, 파트너들의 역량 구성을 보완할 채용·교육 계획을 조정하고, 분기별로 자원 배분의 균형을 잡는 일에 시간을 쓴다. 어느 프로젝트에 어떤 인력이 들어가야 수익성과 품질이 동시에 서는지, 어떤 고객의 페인포인트에 어떤 서비스 모듈을 결합해야 재방문이 생기는지, 그 '큰 그림'을 설계하는 역할이 내 자리임을 분명히 했다. 세부 실행은 현장에 맡기고, 나는 목표·지표·리듬을 관리한다. 그 순간부터 팀은 숨을 쉬기 시작한다. 의사결정의 병목이 사라지자 진행 속도가 빨라지고 같은 시간을 써도 결과의 질이 달라졌다.

WMD에서도 원칙은 같다. M&A 플랫폼과 딜소싱은 구조가 복잡하고 이해관계자가 많다. 한 사람의 열정으로는 끝이 보이지 않는다. 그래서 제품·데이터·딜·마케팅을 네 축으로 나눴다. 제품팀은 사용자의 실제 업무 흐름에 맞춘 화면과 권한 체계를 설계하고, 데이터팀은 산업별 거래 가능성 모델과 매칭 로직을 다듬는다. 딜팀은 원소싱·공동자문·크로스보더 파트너십을 나눠 KPI를 관리하고, 마케팅은 세일즈 파이프라인의 각 단계에 맞춰 콘텐츠와 세미나, 레퍼런스 케이스를 공급한다.

나는 여기서도 직접 협상 테이블에 매일 앉기보다 국내 매도기업 발굴, 양수인들과 끝없는 소통, 일본의 스트라이크·니혼M&A센터와 같은 파트너와 맺을 협업의 범위, 유럽·미국 네트워크와의 채널 전략, 리스크 관리 원칙과 수익 배분 구조를 정하는 데 집중한다. 영업은 '사람의 신뢰'로 열리고, 플랫폼은 '데이터의 품질'로 닫힌다는 간단한 명제를 기준으로 어떤 사람을 어떤 자원과 엮어야 시너지가 나는지, 어느 구간을 자동화하고 어느 구간을 사람에게 남겨야 관계가 두꺼워지는지에 머물러 생각한다.

예전의 나는 손으로 일하는 리더였다. 지금의 나는 사람을 통해 일하는 설계자다. 데모닉스 시절에는 내가 있는 자리에서만 일이 굴러갔고, 내가 자리를 비우면 모든 게 멈췄다. 지금은 내가 자리를 비워도 시스템이 돌아간다. 이는 통제를 내려놓았기 때문이 아니라 통제가 없어도 흔들리지 않는 구조를 만들었기 때문이다. 회계법인에서는 리드 파트너와 매니저의 권한·책임·검토선이 명확히 서 있고, WMD에서는 파이프라인 단계마다 의사결정 기준과 실패의 복구 경로가 합의되어 있다. 나는 영업의 '첫 단추'를 끼우고, 자원배분의 '최종 브레이크'를 쥔 채 중간의 수많은 판단을 현장에 위임한다. 위임은 포기가 아니라 집중의 전략이며, 신뢰의 다른 이름이라는 사실을 몸으로 배웠다.

이 방식은 숫자로도 증명된다. 회계법인은 고객군이 분화될수록 재무적으로 안정되었고, 이익의 비율이 매년 높아졌다. WMD는 역할 분리가 정교해질수록 파이프라인의 낭비가 줄고, 소싱에서 성사까지 리드타임이 짧아졌다. 예전의 나는 하루 14시간을 써도 늘 시간이 모자랐는데, 지금은 같은 8~10시간으로 조직 전체의 생산성이 배가된다. 내가 하는 일은 더 적어 보이지만, 내가 해야 하는 일인 방향·사람·자원의 균형을 잡는 것들은 더 정확해졌다.

결국 나는 데모닉스의 실패에서 한 가지를 배웠다. 혼자의 근성은 조직의 시스템을 이길 수 없다. 그리고 지금의 회계법인과 WMD에서 또 한 가지를 확인한다. 잘하는 일에 집중하고, 더 잘하는 사람에게 맡길 때 조직은 비로소 생명력을 얻는다. 리더는 모든 세부를 아는 사람이 아니라 중요한 것을 버리고 더 중요한 것을 선택하는 사람이다. 내가 해야 할 일은 가장 넓은 시간을 가장 본질적인 질문에 쓰는 것, 즉 우리가 어디로 가는가, 누구와 갈 것인가, 무엇을 버리고 무엇을 남길 것인가이며, 그 질문의 답을 사람들이 이해하고 움직일 언어로 번역하는 것이다. 그렇게 역할을 나누고 신뢰를 세우면 회사는 사람 한 명의 한계를 넘어선다.

데모닉스의 불 꺼진 방에서 배운 교훈이 지금의 분업과 성장을 가능하게 했고, 그 덕분에 나는 내 자리에서만이 아니라 전체를 바라보는 자리에서 일할 수 있게 되었다. 이제 나는 더 이상 모든 일을 다 잘하려 하지 않는다. 그 대신 내가 가장 잘하는 일에 몰입하고, 나보다 더 잘하는 사람에게 기꺼이 길을 내준다. 그 선택이 회사를 살리고, 사람을 키우고, 시간을 확장한다는 것을 나는 매일 확인하고 있다.

에피소드 5 고도비만에서 배운 점

나는 중학교 시절 몸무게가 100kg이 넘는 고도비만이었다. 그때의 나는 단지 체격이 큰 아이가 아니라 교실 안에서 하루에도 몇 번씩 상처받는 존재였다. 그날의 기억은 지금도 내 마음속에 생생하다.

수업 중이던 어느 날이었다. 내가 앉자마자 '딱' 하는 소리와 함께 의자가 부서졌다. 순간 교실 안은 조용해졌고, 몇 초 뒤 웃음이 터져나왔다. 누군가는 책상을 두드리며 비웃었고 누군가는 "야, 의자가 불쌍하다"라며 장난스럽게 외쳤다.

하지만 나는 아무 말도 할 수 없었다. 몸은 그대로 굳었고, 얼굴은 화끈거렸다. 선생님은 잠시 나를 보고는 아무 말 없이 수업을 이어갔다. 그 무표정한 시선이 오히려 더 아프게 다가왔다. 그 순간 나는 깨달았다. 사람들은 누군가를 무시할 때 침묵으로도 상처를 줄 수 있다는 걸….

그날 이후 나는 점점 교실의 가장자리로 밀려났다. 급식 시간에 줄을 설 때 뒤에서 쑥덕거리는 소리가 들렸고, 체육 시간에는 일부러 공이 내 쪽으로 오지 않게 던졌다. 나는 점점 말수가 줄었고, 웃는 법을 잊었다. 그러다 문득 이런 생각이 들었다.

"이대로 평생 비웃음의 대상이 되어 살 것인가?"

그날 이후 나는 조용히 결심했다. 누가 나를 바꿔주지 않는다면 내가 나를 바꾸자. 처음엔 너무 어려웠다. 운동을 해본 적도 음식을 절제한 적도 없었다. 하지만 나는 매일 새벽 5시에 일어나 운동화를 신고 동네 운동장을 돌았다. 겨울엔 입김이 하얗게 피어올랐고, 봄에는 땀이 비 오듯 쏟아졌다. 힘들 때마다 떠올린 건 그 교실의 장면이었다. 부서진 의자와 웃고 있던 친구들. 그 장면이 내 몸속에서 불처럼 타올랐다. 그때마다 나는 다짐했다.

"이건 복수가 아니라 증명이다. 내가 어떤 사람인지 보여주겠다."

변화는 단시간에 오지 않았지만 몇 달이 지나자 몸이 가벼워지고, 표정이 달라졌다. 더 이상 사람들의 시선을 피하지 않았다. 누군가 나를 조롱하더라도 예전처럼 움츠러들지 않았다. 그들의 말보다 내가 만든 변화의 결과가 더 크게 느껴졌기 때문이다.

그리고 어느 날, 체육 시간에 달리기 시합을 했다. 예전에는 항상 꼴찌였던 내가 그날은 중간쯤으로 들어왔다. 그 순간 친구들의 눈빛이 달라졌다. 비웃음 대신 놀라움이 섞여 있었고 그들의 눈빛 속에서 처음으로 '인정'이라는 단어를 느꼈다. 그날 집에 돌아오면서 나는 울었다. 기쁨의 눈물이 아니라 스스로를 포기하지 않았다는 안도감에 나오는 눈물이었다.

그 후로 나는 사람들의 시선을 두려워하지 않게 되었다. 오히려 그 시선이 나를 단단하게 만들었다. 누군가의 평가로 나를 규정하지 않았다. 세상이 나를 어떻게 보든 내가 나를 포기하지 않는 한 그 어떤 시선도 나를 무너뜨릴 수 없다는 걸 배웠다.

이제 돌이켜보면, 그날 부서진 의자는 단순한 사고가 아니었다. 그건 내 인생이 바뀌는 첫 번째 '부서짐'의 순간이었다. 그 의자가 부서지던 소리와 함께 나는 이전의 나를 내려 놓았다. 그리고 새롭게 나를 세우기 시작했다.

지금의 나를 만든 건 그 조롱과 무시였다. 그때의 상처가 없었다면 아마 이렇게 강해지지 못했을 것이다. 세상은 종 종 잔인한 방식으로 사람을 단련시킨다. 그때는 괴로웠지만 지금은 안다. 그 시절 부서진 의자가 내 인생의 기초를 단 단하게 만든 첫 돌이었다. 그래서 나는 이제 웃으며 말할 수 있다.

"그때 나를 비웃던 사람들에게 감사한다. 그 시선들이 없 었다면 나는 지금의 내가 되지 못했을 것이다."

5장

공부, 가난에 복수하는 방법

가난은 가장 강력한 연료다
헝그리 정신은 공부의 원동력

나는 부유하지는 않았지만 그래도 평범한 가정에서 태어났다. 그러나 IMF 외환위기 한파가 밀려오던 시절, 아버지의 사업이 하루아침에 무너졌다. 거래처는 줄도산했고, 신용은 바닥났으며, 남은 것은 빚뿐이었다.

그날을 지금도 잊지 못한다. 집 안에 전화벨이 울릴 때마다 가슴이 덜컥 내려앉았다. 채권자의 독촉 전화가 이어졌고, 전기요금이 밀려 밤에 촛불을 켜고 밥을 먹은 날도 있었다. 그 시절의 나는 '세상은 불공평하다'는 생각뿐이었다. 친구들은 학원에 다니고, 영어 과외를 받고, 여름방학엔 어학연수를 다녀왔다. 하지만 나는 그저 살아남으려고 일해야 했다.

학교가 끝나면 피시방에서 아르바이트를 하고, 새벽에는 신문배달을 했다. 지갑엔 늘 몇천 원뿐이었고, 집 냉장고는 텅 비어 있었다. 나는 배가 고팠고, 동시에 분노로 가득 차 있었다. 왜 나만 이렇게 살아야 하나, 왜 내 인생은 이렇게 시작되어야 하나. 그러나 그 절망의 끝에서 나는 아주 단순한 진리를 깨달았다.

"공부만은 나를 배신하지 않는다."

돈은 없어도 책은 있었다. 세상이 내 편이 아니어도 공부는 내 편이었다. 누구도 나 대신 공부할 수 없고, 누구도 내 노력을 대신 가져갈 수 없었다. 그날 이후 나는 공부를 시작했다. 그건 꿈을 위한 공부가 아니라 가난에 대한 복수였다. 가난이 나를 무릎 꿇게 만들었지만, 나는 책상 위에서 다시 일어났다. 책을 펴고 한 줄 한 줄 읽으며 이렇게 다짐했다.

"이 문장 한 줄이 내 인생을 바꿀 수 있다."

그 절박함이 나의 전부였다. 친구들이 놀 때 나는 공부했고, 남들이 쉬는 일요일에도 나는 책상 앞을 지켰다. 왜냐하면 나에겐 '다음 기회'가 없었기 때문이다. 가난은 내게 선택의 자유 대신 집중의 운명을 주었다. 다른 길이 없었기에 오직 공부만이 길이었다. 가난은 나를 작게 만들지 않았다. 오히려 나를 단단하게 만들었다.

인생은 언제나 불공평하다
기울어진 운동장에서 뛰는 선수

얼마 전, 사무실로 전화가 한 통 걸려왔다. 목소리의 떨림만으로도 그 사람의 절박함이 느껴졌다. 감정평가사 2차 시험에서 0.33점 차이로 불합격한 수험생이었다. 그의 말끝마다 억눌린 울분이 묻어 있었다.

"감독관이 시험 시작을 1분 일찍 알렸습니다. 저뿐 아니라 다른 응시자들도 당황해서 문제를 제대로 읽지 못했어요. 결국 1분 일찍 끝내겠다고 했고요. 그 1분이 제 인생을 바꿔놓았어요."

그 말을 듣는 순간 가슴이 먹먹해졌다. 시험은 원래 냉정한 세계다. 하지만 '1분의 실수'로 인생이 달라졌다는 사실은 너무나 잔혹했다. 그는 억울함을 호소했지만 이미 답을 알고 있었다. 감독기관을 상대로 소송을 제기할 수도 없고 설령 했다 한들 결과가 바뀔 가능성은 거의 없다는 걸. 나는 조심스레 말했다.

"힘드시겠지만 다시 준비하세요. 이번엔 누구도 흔들 수 없을 만큼 완벽하게."

그 말을 내뱉으면서도 마음 한쪽이 무겁게 내려앉았다. 나도 그 마음을 너무 잘 알기 때문이다. 나 역시 시험에서 불공평함을 수없이 경험했다. 변호사 시험을 준비할 때 특정 학교의 기말고사 문제가 그대로 출제된 적이 있었다. 그 학교 학생들은 이미 문제를 알고 있었고 나는 처음 보는 문제를 붙잡고 머리를 쥐어뜯었다. 시험을 마치고 나서야 그 사실을 알게 되었을 때 몸속 어딘가가 뜨겁게 뒤틀렸다. 그날 이후 며칠 동안 허공을 바라보며 생각했다.

'세상은 정말 공정한가?'

'노력만으로 다 되는 걸까?'

그 답은 지금도 변하지 않았다. 인생은 원래 불공평하다. 누군가는 좋은 학교에서, 좋은 강사를 만나, 좋은 자료를 얻고, 좋은 환경에서 공부한다. 반면 어떤 사람은 소음 가득한 고시원에서 어깨 한쪽을 벽에 기대고 문제를 푼다. 누구는 운 좋게 자신이 풀던 유형이 출제되고 누구는 아무리 공부해도 한 줄의 문제가 다른 방향으로 나온다. 이게 현실이다. 시험은 냉정하고, 세상은 불완전하다.

하지만 아이러니하게도 나는 그런 세상이 싫지 않다. 그 불공평함이야말로 진짜 승부의 본질을 드러내기 때문이다.

공정한 세상에서는 운이 필요 없고 불공평한 세상에서는 운조차 실력의 일부가 된다. 결국 이 게임에서 살아남는 사람은 억울함을 딛고 일어서는 사람이다. 누구나 불평할 수 있지만 끝까지 다시 일어나는 사람은 드물다. 나는 그날 전화를 끊으며 속으로 이렇게 생각했다.

"그래, 세상은 원래 불공평하지. 하지만 그 불공평함까지 감안해서 이겨내야 진짜 강자다."

나 역시 그랬다. 공정하지 않은 기울어진 운동장 위에서 내가 할 수 있는 건 압도적인 노력뿐이었다. 세상이 나에게 기회를 주지 않는다면 나는 기회를 만드는 편을 선택했다. 남들이 10시간 공부할 때 15시간을 하고, 남들이 한 번 낙심할 때 나는 세 번 다시 일어났다. 공평한 룰을 바랄 수 없다면 그 불공평함까지 이겨낼 만큼 단단해져야 한다. 세상은 늘 우리에게 이렇게 말한다.

"너는 운이 없었다."

하지만 나는 그렇게 대답한다.

"운이 없으면 실력으로 메운다."

그게 내가 살아온 방식이었고 지금도 후배들에게 전하고 싶은 메시지다. 시험이든, 인생이든 결국 세상은 완벽히 공정하지 않다. 그러니 억울함을 에너지로 바꾸고 패배를 동력으로 삼는 법을 배워야 한다. 진짜 승자는 운이 좋은 사람이 아니라 불공평함을 이겨내는 법을 아는 사람이다. 그날 전화를 걸어온 그 수험생도 언젠가 그걸 깨닫고 다시 일어설 것이다. 그리고 그때는 그가 말할 것이다.

"그래, 인생은 원래 불공평하다. 하지만 나는 그 불공평한 세상에서 이겼다."

결핍이 만들어낸 초집중력
책 한 권, 지식 한 줄이 생존의 무기

돈이 없던 시절, 헌책방이 나의 도서관이었다. 이문동, 청량리, 종로3가 헌책방 거리를 돌아다니며 낡은 회계서적과 경제학 원서를 골랐다. 책 표지에 '1997년판'이라고 적혀 있어도 상관없었다. 최신 이론보다 중요한 것은 내가 이해하는 속도였다. 새 책을 살 돈이 없으니 책 한 권을 끝까지 파고들었다. 교재의 여백마다 메모를 빼곡히 적었다.

'이 문장이 무엇을 의미할까?'

'이 법조문이 실제로 적용되면 어떤 결과가 될까?' 질문하고 또 질문했다. 당시에는 인터넷 강의도, AI 요약도, 학습 플랫폼도 없었다. 내가 가진 건 단 한 권의 책과 볼펜 한 자루뿐이었다. 하지만 그것이 나를 강하게 만들었다. 정보가 많으면 선택이 느려지고, 정보가 적으면 집중이 깊어진다. 나는 그 단순한 진리를 몸으로 체득했다.

밤새워 공부하는 날이 많았다. 겨울엔 손이 얼어 책장을 넘기기 힘들었고, 여름엔 선풍기 한 대 없이 땀을 흘리며 문제집을 풀었다. 그러나 이상하게도 그 고된 시간 속에서 나는 희열을 느꼈다. 세상은 나를 외면했지만 내 머릿속 지식은 하루가 다르게 쌓여갔다.

"가난은 나를 무릎 꿇게 했지만 공부는 나를 일으켜 세웠다."

그렇게 쌓인 지식은 결국 나의 무기가 되었다. 경제학을 이해하자 경영이 보였고, 경영을 배우자 회계가 연결되었다. 회계를 마스터하자 세법이 이해되었고, 세법을 공부하자 법률이 눈에 들어왔다. 그때 나는 깨달았다. 지식은 나무처럼 자라지만 그 뿌리는 모두 결핍과 절박함 속에서 뻗어 나간다는 것을.

결핍은 내 인생의 적이 아니었다. 그것은 나를 몰입하게 만든 최고의 집중 훈련 도구였다. 오늘의 내가 있다면, 그것은 풍족함이 아니라 결핍이 만들어준 선물이다.

성공보다 버팀의 미학
실패는 기회다. 버텨낸 자만이 다음 스테이지로 올라간다

나는 공부를 하면서 수많은 실패를 겪었다. 공인회계사 시험에 세 번 떨어지고, 감정평가사 시험에서는 1점 차로 떨어졌다. 변호사 시험에서는 끝내 체력이 버티지 못해 눈물을 삼켰다. 합격자 발표 날, 이름이 없는 명단을 보며 한참을 모니터 앞에서 멍하니 앉아 있었다. 세상이 조용히 나를 비웃는 것 같았다. 그럴 때마다 나는 스스로에게 물었다.

"너는 이 실패를 견딜 수 있느냐?"

그때마다 내 안의 목소리가 대답했다.

"버티면 된다. 세상은 재능 있는 자보다 오래 버틴 자에게 기회를 준다."

나는 실패를 교재 삼아 공부했다. 틀린 문제를 복기하고,

부족한 개념을 다시 정리했다. 하루에 16시간씩 공부하며 체력이 한계에 달했을 때, 나는 몸보다 마음이 더 단단해졌다는 걸 느꼈다.

가난은 이미 나를 바닥으로 떨어뜨렸기에 더 이상 무서울 게 없었다. 그 바닥에서 버티는 힘, 그게 바로 나를 만든 생존의 근육이었다. 버팀은 수동적 인내가 아니다. 버틴다는 것은 의미를 잃지 않는 능동적 행위다. 좌절 속에서도, "이 순간이 나를 단련시키는 시간이다"라고 믿을 수 있는 마음. 그 믿음이 결국 나를 다른 세계로 이끌었다.

그리고 마침내 세 번째 낙방 끝에 공인회계사 시험에 합격했다. 합격 문자 한 줄을 보며 나는 아무 말도 하지 못했다. 눈물이 났다. 합격의 기쁨 때문이 아니라 '내가 버텼다'는 사실 때문이었다. 그날 밤, 나는 라면 하나를 꺼내 끓였다. 수십만 원짜리 축하파티보다 그 따뜻한 라면 국물이 더 감격스러웠다. 그것은 단순한 합격의 맛이 아니라 가난과 싸워서 이긴 맛이었다.

가난은 내 인생을 시험대 위에 올려놓았다. 그러나 나는 그 시험을 공부로 통과했다. 공부는 내게 돈을 주지 않았지만, 자존심과 희망 그리고 세상을 보는 눈을 주었다.

나는 지금도 믿는다. 가난은 불행이 아니라 내 인생을 바꿔준 가장 강력한 교사였다. 그 결핍이 나를 단단하게 만들었고, 그 절박함이 오늘의 나를 존재하게 만들었다.

"가난은 내게서 모든 것을 빼앗았지만 단 한 가지 공부할 이유만은 남겨주었다."

그 이유 하나로 나는 지금도 새벽에 책을 편다. 공부는 끝나지 않았다. 이 싸움은 아직도 계속되고 있다. 그리고 나는 안다. 이 싸움이야말로 내가 세상에 복수하는 가장 아름다운 방식이라는 것을.

인사이트 **인생이 불안하고 작심삼일을 반복하는 청년들에게**

사람들이 왜 항상 불안하고 꾸준히 노력하기 어려운지에 대해 나는 오랫동안 고민해왔다. 공부를 수십 년 동안 해오며 수험생으로서, 직장인으로서 그리고 지금은 강연자로서 수많은 사람을 만나면서 느낀 결론은 단순하다. 사람들은 불안해서 멈추고, 불안을 없애려다 방향을 잃는다.

불안은 비교에서 태어나고 방향 상실에서 자란다.
불안은 결핍에서 시작되는 감정이 아니다. 불안은 비교에서 태어난다. 사람들은 자신의 속도가 아니라 타인의 속도를 기준으로 산다.
"저 사람은 나보다 빨리 가는데, 나는 왜 이럴까?"
"나보다 젊은데, 벌써 성공했네."
이런 생각들이 우리 마음을 끊임없이 흔든다. 문제는 세상과의 비교는 끝이 없다는 점이다. 비교의 방향을 바꾸지 않는 한 불안은 절대 사라지지 않는다. 나는 늘 이렇게 말한다.

"불안은 경쟁의 부산물이다. 하지만 성장의 도구로 쓰면 그 불안이 에너지가 된다."

내가 가난했던 시절, 나는 늘 불안했다. 내가 뒤처질까 봐, 실패할까 봐, 인생이 엉망이 될까 봐 두려웠다. 그런데 어느 날 깨달았다. 불안은 없애려고 하면 더 커진다. 반대로 인정하고 그 위에 '방향'을 세우면 불안은 사라진다. 불안한 사람은 목표가 없는 사람이 아니라 방향이 흐릿한 사람이다. 방향이 뚜렷하면 불안은 단지 긴장감으로 남는다. 그러나 방향이 없으면 불안은 공포가 된다. 그래서 나는 늘 목표를 세우고, 그 목표를 작은 단위로 쪼갰다.

"하루에 한 시간만이라도, 이 부분을 완성하자."

그렇게 하루하루를 설계하면서 불안이 줄어들었다.

꾸준히 하지 못하는 이유는 '감정에 지배당하기 때문'이다.

사람들은 흔히 '의지가 약해서 꾸준하지 못하다'고 말한다. 하지만 나는 그렇게 생각하지 않는다. 꾸준하지 못한 이유는 의지가 부족해서가 아니라 감정이 시스템보다 앞서 있기 때문이다. 공부를 할 때나, 일을 할 때나 사람은 언제나 감정의 파도에 휘둘린다.

"오늘은 피곤하니까 내일 해야지."

"지금은 의욕이 안 생겨서 집중이 안 돼."

이렇게 감정이 앞서면, 하루 이틀의 예외가 쌓여 '습관의 붕괴'로 이어진다. 나는 오히려 의지를 믿지 않는다. 의지는 언제나 감정에 패배한다. 그래서 루틴으로 감정을 제어하는 법을 배웠다. 매일 같은 시간에 공부를 시작하고, 같은 장소에서 같은 순서로 책을 폈다. 의지가 아니라 '리듬'으로 공부를 유지한 것이다.

"꾸준함은 감정의 산물이 아니라 시스템의 결과다."

결국 꾸준히 한다는 것은 '좋아서 하는 것'이 아니라 '하기로 정했기 때문에 하는 것'이다. 의욕이 없어도, 감정이 흔들려도 정해진 시스템이 나를 책상 앞으로 데려가는 힘이 된다.

사람들은 자신이 어디에 서 있는지를 모른다.

불안은 '현재의 위치'를 모를 때 가장 커진다. 나는 수험생 시절에 늘 내 공부 진도를 수치화했다.

"오늘 목표의 70%를 달성했는가?"

"이번 주 공부량이 지난주보다 늘었는가?"

이렇게 수치를 눈으로 확인하면 불안이 줄었다.

사람들은 대부분 막연히 '열심히 한다'고 생각하지만, 자신이 어느 정도의 단계에 있는지 모른다. 그래서 조급해지고, 그 조급함이 불안으로 바뀐다. 공부든 인생이든 측정할 수 없으면 통제할 수 없다. 나는 내 인생을 '프로젝트'로 바라봤다. 목표, 일정, 피드백, 수정. 이 네 가지가 인생을 꾸준히 이어주는 시스템이었다.

불안과 꾸준함의 역설, 결국 불안은 성장의 증거다.

아이러니하게도 나는 이제 불안이 나쁜 감정이 아니라고 생각한다. 불안하지 않다는 것은 이미 정체되었다는 뜻이다. 불안은 변화의 신호이고, 꾸준하지 않다는 것은 아직 자신을 다루는 법을 배우는 중이라는 뜻이다.

나는 수많은 실패 속에서 불안과 싸웠지만 결국 그 불안이 나를 멈추게 한 것이 아니라 깨어 있게 만들었다. 불안이 있었기에 더 치열하게 공부했고, 불안이 있었기에 더 절박하게 계획을 세웠다.

"불안은 사라져야 할 감정이 아니라, 다뤄야 할 에너지다."

사람들은 불안을 없애려 하지만, 나는 불안을 길들인다. 그 불안이 나를 자극하고, 그 자극이 나를 앞으로 밀어준다. 꾸준함은 '안정된 사람의 전유물'이 아니다. 꾸준함은 불안을 인정한 사람의 습관이다.

결국, 답은 단순하다.

사람들은 왜 불안한가? 왜 꾸준하지 못한가? 그 이유는 단 하나다. 자신이 어디로 가고 있는지 명확히 알지 못하기 때문이다. 목표를 명확히 세우고, 그 목표를 구체적인 행동으로 쪼개고, 그 행동을 시스템으로 반복하면 불안은 사라지고 꾸준함은 만들어진다.

나는 여전히 불안하다. 하지만 이제는 그 불안이 두렵지 않다. 그 불안이 나를 다시 새벽으로, 책상 앞으로, 컴퓨터 앞으로, 고객들 앞으로, 다시 꿈을 향한 길로 이끈다는 걸 알고 있기 때문이다.

"불안을 없애려 하지 말고, 불안을 동력으로 써라. 꾸준함은 감정의 결과가 아니라, 방향의 결과다."

그래서 나는 오늘도 불안한 마음을 안고 책을 편다. 그 불안이 바로 나를 앞으로 밀어주는 연료이기 때문이다.

책과 논문을 매년 쓰는 이유
책 30여 권을 출간하고 논문 7편을 게재했다

나는 왜 책을 쓰고, 논문을 쓰고, 또 그 일을 멈추지 못하는가? 솔직히 말하면 처음에는 나도 내가 이렇게까지 글을 쓸 줄 몰랐다. 하지만 지금 돌이켜보면, 글쓰기는 나에게 단순한 일이 아니라 삶의 호흡이자 존재의 증명이었다. 참고로, 다음은 네이버에서 '곽상빈'을 검색하면 나오는 도서들이다.

글쓰기는 나의 '삶을 정리하는 공부'

나는 인생의 가장 힘든 시기에 글을 쓰기 시작했다. 사업이 실패하고, 시험에서 연달아 떨어지고, 세상이 내게 등을 돌리던 시절이었다. 블로그를 2006년에 개설해서 아직까지 쓰고 있으니 20년 차 글쟁이인 셈이다. 그때 나는 '내가 왜 이

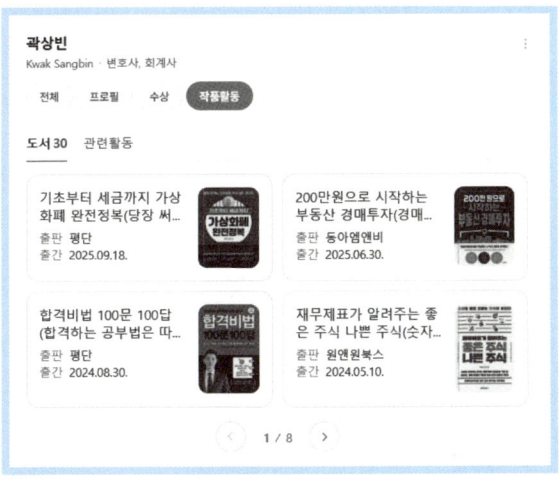

렇게 살아야 하나'를 묻기 위해 스스로에게 편지를 쓰듯 글을 썼다. 그것이 내 첫 글쓰기였다. 그 이후로 글쓰기는 내게 단순한 기록이 아니라 공부의 연장선이 되었다.

공부가 정보를 머리에 넣는 행위라면, 글쓰기는 그것을 내 말로 정리하고 세상과 연결하는 행위다. 논문을 쓸 때마다 나는 새로운 생각을 구조화하고, 책을 쓸 때마다 내 경험을 이론으로 바꾼다.

"쓰지 않으면, 배운 것은 사라지고 경험은 흩어진다."

글은 내 삶의 축적장치다. 내가 오늘 배운 것을 내일의 나에게 남기기 위한 기록이다. 그래서 나는 매년 논문을 쓰고, 새로운 책을 쓴다. 그건 누군가를 설득하기 위해서가 아니라 내가 성장하고 있음을 스스로 확인하기 위해서다.

글쓰기는 나의 '자기 성찰의 루틴'

사람들은 나에게 종종 묻는다.

"선생님은 어떻게 그렇게 꾸준히 쓰세요?"

"나는 글을 쓰지 않으면 생각이 멈춥니다."

나는 매일 생각한다. 새로운 사건, 새로운 지식, 새로운 흐름들을 관찰하고, 그 안에서 나의 위치를 찾는다. 글을 쓴다는 것은 그 생각의 흐름을 언어로 정리하는 과정이다. 박사학위 논문을 쓸 때 나는 '학문'이 아니라 '자기대화'를 했다. 내가 이 분야를 왜 연구하는지, 이 이론이 현실의 문제에 어떤 의미를 가지는지, 그 모든 질문이 글 속에 녹아 있었다. 글을 쓰는 동안 나는 스스로를 비판한다.

"이 문장은 타당한가?"

"이 논리는 허점이 없는가?"

"이 주장은 과거의 나와 충돌하지 않는가?"

그 과정에서 나는 한층 더 명료해지고 단단해진다. 글쓰기는 나에게 정신의 체력 단련이다. 몸이 운동으로 단련되듯 정신은 글쓰기를 통해 정제된다. 그래서 나는 매년 쓰는 것이다. 생각이 녹슬지 않게 하기 위해서.

글쓰기는 나의 '사명'이자 후배들을 위한 지도

나는 가난 속에서 공부했다. 내게 지도를 그려주는 사람도 없어서 나는 늘 길을 헤맸다. 그래서 다짐했다.

"나처럼 헤매는 누군가에게 지도의 조각이라도 남기자."

그 마음이 나를 계속 쓰게 한다. 내 책들은 단순한 자기 계발서도, 단순한 전문서도 아니다. 내가 걸어온 시행착오의 기록이고 후배들에게 보내는 '경험의 안내서'다.

책을 쓰는 것은 나 혼자만의 일이 아니다. 내가 겪은 실패, 깨달음, 성공의 과정이 누군가의 이정표가 될 수 있다면, 그것만으로 충분한 이유가 된다. 그래서 나는 멈추지 않는다. 매년 새로운 주제를 붙잡고 새로운 독자에게 말을 건다. 그것이 나의 사명이고, 내 인생을 이어주는 불씨다.

글쓰기는 나의 '시간을 영원으로 바꾸는 방법'

사람의 인생은 짧다. 시간은 누구에게나 공평하게 흐르지만 기억은 사라지고 말은 흩어진다. 그러나 글은 남는다. 글은 내가 사라진 뒤에도, 내 생각을 대신 살아가게 만든다. 나는 늘 이 문장을 마음속에 새긴다.

"말은 사라지지만, 글은 남는다. 글은 인간이 시간을 이기는 유일한 방식이다."

나는 글을 쓸 때마다 '나의 일부'를 세상에 남긴다고 생각한다. 그 글이 누군가의 마음에 닿아 변화를 일으킨다면, 그건 또 다른 나의 삶이 시작된 것이다. 그래서 나는 오늘도 책상 앞에 앉는다. 문장 하나를 완성하는 동안 나는 시간의 흐름을 멈추고, 내 인생의 일부를 영원히 새긴다.

아직 멈출 수 없는 이유
나는 여전히 '배우는 사람'이다

많은 이들이 내게 말한다.

"이제 그만 쉬어도 되지 않아?"

하지만 나는 아직 배움이 끝났다고 느끼지 않는다. 글을 쓴다는 것은 배우는 일이다.

책을 쓴다는 것은 내 지식을 세상과 맞대어 검증받는 일이다. 나는 지금도 매일 새벽에 논문을 읽고, 새로운 연구를 공부한다. 그 과정에서 새로운 통찰이 생기고, 그 통찰을 정리하다 보면 또다시 글이 된다.

글쓰기는 나에게 배움의 반복 루프다. 배우고, 정리하고, 쓰고, 다시 배우는 순환. 그 순환이 끊기면, 내 성장도 멈춘다. 그래서 나는 멈추지 않는다.

나는 이제 깨닫는다. 내가 책을 쓰는 이유는 '많이 아는 사람'이 되기 위해서가 아니라 끊임없이 배우는 사람으로 남기 위해서라는 것을. 책은 내 성장의 흔적이고, 논문은 나의 사유를 검증받는 도장이다. 글을 쓰는 동안 나는 여전히 배우고, 배우는 동안 나는 여전히 살아 있다.

"나는 글을 쓰기 위해 사는 것이 아니라, 배우며 살기 위해 글을 쓴다."

그래서 나는 멈추지 않는다. 내가 살아 있는 한, 배우고 쓰는 일은 내 인생의 가장 확실한 증거이자 가장 고요한 행복이다.

에피소드 6 내가 본 탐욕의 위험성 1

나는 탐욕이 회사를 망치는 과정을 여러 번 목격했다. 그리고 그중 몇 번은 직접 그 안에 있었다. 처음엔 누구나 합리적 이유로 욕심을 낸다. "조금만 더 벌자", "조금만 더 키우자." 하지만 그 '조금'이 쌓이다 보면 어느 순간 방향이 바뀐다. 사업의 목적이 '가치 창출'에서 '숫자 유지'로 바뀌고 사람의 기준이 '고객'에서 '그래프'로 바뀐다. 그 지점에서 탐욕은 자라기 시작한다.

나도 한때 그랬다. 매출이 조금씩 늘어날 때는 겸손했다.

하지만 성장 곡선이 가파르게 올라가자 그 곡선을 유지해야 한다는 강박에 사로잡혔다. "올해 두 배 성장 가능합니까?"라는 질문이 들어올 때마다 본능적으로 "가능합니다"라고 답했다. 그 말이 스스로에게 압박이 되었다.

결국 더 많은 비용을 쓰고, 인력을 늘리고, 감당하기 어려운 계약을 했다. 그때는 마치 확신처럼 느껴졌다. '지금 돈을 쓰면 그리고 일감만 따오면 내일 더 벌 수 있다.' 하지만 그건 미래를 담보로 현재를 소모하는 일이었다.

한 번은 실제로 그 과잉 확신이 단기적으로 내 재정상태를 휘청이게 했다. 개업하고 일시적으로 매출은 늘었지만 현금이 남지 않았다. 건수는 늘어나고 있었지만, 그건 대부분 일종의 추상적 채권이었다. '돈이 들어올 예정'과 '돈이 실제로 들어온다'는 건 완전히 다른 문제였다. 나는 그 차이를 배웠다.

더 큰 문제는 탐욕이 판단력을 흐리게 한다는 것이었다. 실수를 '일시적인 현상'으로 해석하고 경고를 주는 사람의 말을 '소극적'이라고 여겼다. 비용과 시간을 늘림에 비해서 매출 회수가 늦어지는 것을 잠시나마 경험했고 두려움에 사로잡혔다.

고등학생 때 정부지원금으로 사업을 하면서도 같은 경험을 했다. 결국 탐욕은 언제나 자신을 예외로 착각하는 데서 시작된다는 걸 알았다. "나는 다를 것이다." 그 생각이 가장 위험했다.

나중에 돌이켜보니 탐욕은 단순히 돈에 대한 욕심이 아니었다. 자신의 성장 서사를 유지하려는 강박, 즉 "나는 계속 잘하고 있어야 한다"라는 자기 확증의 욕망이었다. 그래서 실수를 인정하지 못하고 속도를 늦추지 못했다. 그 결과, 불필요한 확장을 하고, 불완전한 거래를 밀어붙이고, 결국 현금과 신뢰, 두 가지를 동시에 잃었다.

탐욕의 마지막은 항상 같다. 처음엔 매출이 줄고, 다음엔 신뢰가 흔들리고, 마지막엔 팀이 무너진다. 그 순간 사람들은 회사를 떠나고, 거래처는 연락을 끊는다. 이익보다 더 중요한 게 무너진 것이다. '신뢰'가 빠져나가면, 회사의 모든 수치는 허상이다. 그 이후 나는 한 가지 원칙을 세웠다.

"성장은 그래프가 아니라 현금이다. 확장은 목표가 아니라 결과다."

그 원칙을 지키지 못하면 아무리 좋은 아이템도, 아무리 좋은 팀도 오래가지 못한다. 나는 탐욕이 실패를 부르는 과정을 몸으로 배웠다. 그 경험 덕분에 지금은 성장을 숫자가 아닌 구조로 본다. 성공의 속도보다 실패하지 않는 구조를 먼저 설계한다.

결국 탐욕은 외부에서 오는 유혹이 아니라 내 안의 조급함이 스스로를 속이는 과정이다. 그래서 나는 매번 거래를 앞두고 스스로에게 묻는다.

"이건 욕심인가, 확신인가?"

그 한 줄의 질문이 내가 다시 무너지지 않게 붙잡아주는 마지막 방어선이다.

에피소드 7 내가 본 탐욕의 위험성 2

나는 몇 해 전 1,600억 원 규모의 기업어음^{CP} 기반 파생상품이 디폴트되면서 벌어진 대규모 손해배상청구 소송에서 원고 측을 대리한 적이 있다. 피고는 국내 유수의 금융기관이었다. 그들은 구조가 복잡한 파생상품을 판매했고 수많은 기관투자자와 개인투자자가 그 상품에 자금을 넣었다. 문제는 그 구조가 겉보기엔 정교했지만 실질적으로는 고위험 구조를 은폐한 '폭탄 돌리기'에 가까웠다는 점이었다. 나는 그 사건의 중심에서 한순간에 1,600억 원이 사라지는 과정을 지켜봐야 했다.

사건은 단순하지 않았다. 중간에는 신용평가사, 운용사, 판매사 그리고 다층의 펀드 투자자들이 얽혀 있었다. 누구는 중개만 했다고 주장했고, 누구는 '계약상 책임이 없다'고 항변했다. 서로 책임을 떠넘기며 복잡하게 얽힌 구조 속에서 진실을 찾는 일은 마치 퍼즐 조각을 잃어버린 채 그림을 맞추는 것 같았다. 하지만 나는 변호사로서 그 혼란 속에서도 단 하나의 원칙을 붙잡았다.

"돈의 흐름은 거짓말하지 않는다."

계약서와 구조도를 추적하면서 점점 명확해진 건 이 사건의 본질이 '예측 불가능한 금융위험'이 아니라 '인간의 욕심이 만든 필연적 붕괴'라는 사실이었다. 더 높은 수익을 위해 리스크를 외면했고, 안정적인 구조를 꾸미려고 복잡함으로 포장했으며, 그 과정에서 누구도 '만약'을 말하지 않았다. 이익이 나올 땐 모두가 침묵했고 손실이 터지자 모두가 "그건 예상 밖이었다"라고 말했다. 그러나 나는 알고 있었다. 그건 '예상 밖의 사고'가 아니라 '예상된 외면'이었다는 것을.

소송은 장기전이었다. 나도 중간에 개입하여 2년을 더 끌었으니 말이다. 수많은 이해관계자가 얽혀 있었고 각자의 법적 지위와 책임 범위를 따지는 일은 하나의 금융상품이 아니라 하나의 생태계를 해부하는 일과 같았다. 그 속에서 나는 자본시장의 냉정한 얼굴을 보았다. 수익은 모두의 것이지만 손실은 누구의 것도 아니었다. 리스크는 마치 그림자처럼 존재했지만 그 누구도 그 그림자를 마주 보려 하지 않았다. 시간이 흐를수록 내 마음에는 한 가지 문장이 떠올랐다.

"리스크는 숫자가 아니라 심리다."

이 사건은 금융상품의 구조적 결함보다 인간의 욕심과 안일함이 만든 결과였다. 수익이 조금씩 누적되자 경계심은 무너졌고 "괜찮겠지"라는 말이 점점 당연한 전제가 되어버렸다. 그냥 매력적으로 보이는 금융상품이 한순간 폭탄이 될 수 있는 것이다. 결국 그 당연함이 수천억 원의 손실로 바뀌었다.

법정에서 우리는 수많은 증거와 계약을 가지고 싸웠다. 내가 모시고 일했던 시니어 변호사께서는 정말 혼신의 힘을 다해 소송을 준비하셨다. 나도 최대한 회계적으로 유리한 논리를 준비했다. 그 과정은 치열했고 때로는 피로했다. 그러나 그 싸움의 끝에서 돈보다 더 중요한 진실을 배웠다. 리스크는 회피해야 하는 것이 아니라 통제해야 하는 것이라는 사실이다. 통제란 단순한 두려움이 아니라 냉정한 절제의 기술이다. 리스크는 욕심이 앞서면 재앙이 되지만 균형을 잡으면 오히려 기회가 된다.

소송이 마무리된 뒤 나는 사건을 되짚어보며 깊은 성찰을 했다.

"이건 금융의 실패가 아니라 인간의 욕심을 경고한 것이구나!"

그 사건 이후 나는 어떤 투자든 어떤 사업이든 '이건 욕심인가, 아니면 판단인가'를 스스로에게 묻는다. 그 경험은 내 인생의 리스크 감각을 완전히 바꿔놓았다. 나는 더 이상 위험을 두려워하지 않는다. 다만 욕심이 위험을 삼키지 않게 끊임없이 스스로를 점검한다. 사업에서도, 투자에서도 "지나친 자신감은 리스크보다 더 위험하다"라는 진리를 잊지 않는다.

이 사건은 단지 한 기업의 손해배상 소송이 아니었다. 그것은 나에게 '탐욕과 리스크 그리고 절제'에 대한 교과서였다. 나는 이 사건에서 리스크는 제도나 시스템이 아니라 사람의 마음 안에서 시작되고 끝난다는 것을 배웠다. 그래서 지금도 어떤 결정을 앞두고 머뭇거릴 때면 그때의 법정 풍경이 떠오른다. 수많은 이해관계자가 서로를 바라보던 그 침묵의 순간, 그 안에서 나는 금융보다 더 인간적인 진실을 보았다.

"결국 모든 리스크는 통제되지 않은 욕심에서 비롯된다."

그 한 줄의 교훈이 지금의 나를 움직이는 가장 단단한 기준이 되었다.

6장

메타인지와
전략 공부법의 완성

시험의 본질은 무엇일까
내가 나 자신을 증명하는 시간

나는 인생의 대부분을 시험과 함께 살아왔다. 좋든 싫든 매 순간 평가를 받아온 것이다. 초등학교 때 시작된 작은 학력 평가부터 중학교, 고등학교의 내신과 모의고사, 대학교의 중간·기말시험, 대학원 연구계획서 심사 그리고 변호사·회계사·감정평가사 등 수많은 전문직 자격시험까지…. 모의고사까지 합치면 수천 번의 시험을 치른 셈이었다. 시험지를 앞에 두고 긴장했던 순간, 손끝이 떨리던 감정 그리고 결과를 기다리며 밤새 뒤척이던 날들이 내 인생의 한 페이지, 한 페이지를 채워왔다.

누군가는 그렇게까지 시험에 인생을 걸 필요가 있느냐고 묻는다. 하지만 나에게 시험은 단순한 평가 수단이 아니었다. 삶의 방향을 바로 세워주는 나침반이었다. 시험이 없었다면 나는 나 자신을 증명할 기회를 얻지 못했을 것이다. 누구보다 부족했고 환경도 넉넉하지 않았기에 스스로를 증명하려고 시험이라는 도전을 선택했다.

처음엔 합격이라는 결과가 전부였다. 점수 하나, 순위 하나에 울고 웃었고, 시험이 끝나면 마치 세상이 끝난 듯 허무했다. 하지만 수백 번의 도전을 지나면서 깨달았다. 시험의 진짜 의미는 '결과'가 아니라 과정 속의 나를 단련하는 일이라는 것을. 문제를 푸는 시간이 아니라 스스로를 다듬는 시간이라는 사실을.

시험은 늘 잔인하다. 성적표 한 장이 사람의 가치를 규정하고 합격자 명단의 이름 유무가 인생의 방향을 결정짓는 것처럼 보인다. 하지만 그 속을 들여다보면 시험이란 사실상 내면의 싸움이다. 두려움을 이길 용기, 불안을 견디는 인내 그리고 '오늘도 다시 해보자'는 의지의 반복. 그것이야말로 시험이 사람에게 가르쳐주는 본질적 가치다.

나는 수천 번의 시험을 거치며 언제나 '합격'보다 중요한 것이 있음을 배웠다. '버티는 법'과 '배우는 자세'다. 시험은 한 번의 결과로 끝나지 않는다. 하나의 시험이 끝나면 새로운 시험이 기다리고 그 끝에는 또 다른 도전이 놓여 있다.

이 싸움의 본질은 결국 '자기 갱신self-renewal'이다. 끊임없이 자신을 돌아보고, 부족함을 채우며, 한계 너머를 향해 나아가는 과정. 그게 내가 지금까지 시험에서 배운 인생의 진리다.

또 하나 깨달은 점은 시험이 단순히 '지식을 측정하는 도구'가 아니라 태도를 가늠하는 거울이라는 사실이다. 책상 앞에서 얼마나 오랜 시간을 버텼는지, 실패 앞에서 얼마나 빨리 다시 일어섰는지 그리고 자신을 얼마나 믿었는지가 시험 결과에 고스란히 드러난다. 지식은 외울 수 있지만 태도는 흉내 낼 수 없다. 그래서 시험은 결국 사람의 '공부법'을 넘어 '삶의 방식'을 시험하는 일이다.

지금 돌이켜보면 수천 번 시험을 치르며 얻은 것은 점수가 아니라 정신의 근육이었다. 그 시험들이 나를 단단하게 만들었고, 패배의 경험이 나를 유연하게 만들었다. 나는 이제 시험을 두려워하지 않는다. 시험은 나를 괴롭히던 적이 아니라 나를 성장시킨 동반자였다는 것을 알기 때문이다.

인생의 본질은 시험과 다르지 않다. 매 순간 우리는 선택의 문제를 풀고, 실패의 오답을 수정하며 살아간다. 그러므로 인생 자체가 하나의 거대한 시험이다. 결국 중요한 건 몇 번 떨어졌느냐가 아니라 끝까지 포기하지 않았느냐이다. 그 오랜 동안 나는 그 사실을 몸으로 배웠다.

이제 나는 시험을 이렇게 정의한다.

"시험은 세상이 나를 평가하는 시간이 아니라 내가 나 자신을 증명하는 시간이다."

결국 시험의 본질은 점수가 아니라 자기 자신을 이겨내는 과정 그리고 그 과정에서 한 단계 더 단단해지는 인간의 성장 기록이다.

공부는 기술이다 – '설명 학습법'
친구에게 설명하며 학습효율 극대화

공부를 단순한 노력의 문제로 생각하던 시절이 있었다.

"시간만 투자하면 된다."

"노력하면 언젠가 된다."

그렇게 믿었다. 하지만 현실은 달랐다. 하루 16시간씩 책상 앞에 앉아 있어도 점수가 오르지 않았다. 누적된 피로만 계속될 뿐 머릿속은 점점 더 혼란스러워졌다. 그러던 어느 날, 나는 대학 시절 경제학 전공시험을 준비하며 큰 충격을 받았다. 모든 내용을 완벽히 이해했다고 생각했는데 새로운 문제를 풀자 오답이 쏟아졌다. 그때 깨달았다.

"나는 아는 게 아니라 안다고 착각하고 있었다."

그 이후 나는 '공부의 기술'을 다시 배워야겠다고 결심했다. 내가 택한 방법은 설명 학습법, 즉 '말로 배우는 공부법'이었다.

스터디 모임을 만들어 친구들에게 내가 공부한 내용을 직접 설명했다. 처음엔 그저 복습의 일환이었지만, 얼마 지나지 않아 놀라운 효과가 나타났다.

설명하는 순간, 내 머릿속의 지식이 '말의 구조'로 정리되었다. 논리의 흐름이 보이고, 빠진 개념이 눈에 들어왔다. 친구들이 "그게 무슨 뜻이야?"라고 질문할 때마다 나는 내 지식의 허점을 보았다.

그 순간 알았다. 설명은 최고의 복습이자 가장 정직한 자기 진단이라는 것을.

하지만 늘 스터디가 가능한 건 아니었다. 그래서 나는 집에서 거울 앞에 서서 혼잣말로 설명했다. 심지어 어머니를 앞에 앉혀놓고 회계의 분개법을 강의하기도 했다. 어머니는 이해하지 못했지만 그 앞에서 설명하는 과정이 내 사고를 정리해 주었다. 내가 정확히 설명하지 못한 부분은, 결국 내가 정확히 이해하지 못한 부분이었다. 이렇게 매일 설명하며 공부하자 나의 '기억'은 '이해'로, '이해'는 '논리'로 그리고 '논리'는 '체계'로 발전했다. 공부는 더 이상 양의 싸움이 아니라 구조의 싸움이 되었다.

"공부는 머리로 하는 것이 아니라 사고의 구조를 설계하는 기술이다."

설명 학습법은 내게 단순한 공부법이 아니라, '지식을 언어화하는 훈련'이었다. 이 기술은 이후 강의할 때, 책을 쓸 때, 심지어 재판문서를 작성할 때까지 모든 일의 기반이 되었다.

자기 인식의 혁명 - 메타인지 기반 학습법
내가 얼마나 아는지를 정확히 아는 사람이 합격한다

공부의 기술을 익힌 뒤에도 나는 또 한 번의 벽을 만났다. 모든 개념을 설명할 수 있는데도, 점수는 제자리였다. 시험을 보고 나오면 '틀릴 리 없다'고 생각했는데, 결과는 번번이 내 예상을 배신했다. 그때 나는 진짜 문제를 마주했다.

"나는 모르는 걸 모르는 상태였다."

이 말은 단순한 철학적 깨달음이 아니라 내 인생의 전환점이었다. 그날부터 나는 공부의 방향을 완전히 바꿨다. 지식을 쌓는 대신, 내가 모르는 것을 찾아내는 공부를 시작했다.

교재를 볼 때마다 '이 부분이 확실한가?'라는 질문을 붙였다. 조금이라도 애매한 부분이 있으면 바로 X표를 쳤다.

그리고 시험이 끝난 후엔 '왜 틀렸는가'를 기록했다. 단순히 문제를 복기하는 게 아니라, 내 사고의 오류를 추적하는 '오답노트'를 만들었다.

이 노트는 나의 두 번째 스승이었다. 문제를 틀렸다는 건 단순한 실수가 아니라 '내 사고가 잘못된 지점'을 알려주는 신호였다. 그 신호를 따라가다 보니 내 공부는 점점 깊어지고, 이해의 속도는 눈에 띄게 빨라졌다.

메타인지는 '내가 아는 것을 아는 능력'이 아니라 '내가 모르는 것을 아는 능력'이다. 많은 사람이 공부를 실패하는 이유는 공부를 덜 해서가 아니라 무엇을 모르는지 모른 채 계속 반복하기 때문이다.

나는 매일 공부를 마칠 때마다 세 가지 질문을 했다.

① 오늘 내가 진짜로 이해한 개념은 무엇인가?

② 오늘 내가 착각한 개념은 무엇인가?

③ 오늘 내가 모르는 개념은 무엇인가?

이 세 가지 질문은 나의 공부 나침반이었다.

이 과정에서 나는 '양의 공부'에서 '정확성의 공부'로 이동했다. 공부량은 줄었지만, 이해의 깊이는 압도적으로 깊어졌다. 그때부터 나는 공부를 '지식의 축적'이 아니라 '의식의 확장'으로 보기 시작했다.

인공지능은 이미 인간보다 빠르게 계산하고, 더 넓게 학습하며, 더 정확하게 판단하는 존재가 되었다. 그럼에도 인간이 대체되지 않는 이유는 인간만이 의미를 부여하고, 관계를 형성하며, 꿈을 꿀 수 있기 때문이다. AI가 논리의 끝을 보여준다면 인간은 '왜'라는 질문을 던진다. 바로 그 '왜'가 인간의 존엄과 가치를 지켜주는 마지막 영역이다.

AI 시대의 생존은 기술을 두려워하지 않고 기술을 다루는 사람이 되는 것에서 시작된다. 단순히 새로운 툴을 배우는 것이 아니라 그 툴을 이용해 세상을 어떻게 바꾸고 자신을 어떻게 성장시킬지 고민해야 한다. 기술은 끊임없이 바뀌지만 배우려는 태도와 성장하려는 의지는 변하지 않는다. 지금의 시대는 '지식의 시대'에서 '학습의 시대'로 넘어가고 있다. 배움을 중단하는 순간 우리는 과거의 사람이 된다.

AI를 경쟁자가 아닌 확장된 나의 두뇌로 바라보는 시각이 필요하다. AI는 반복적이고 계산적인 일을 대신해 주지만 인간은 AI가 미처 감지하지 못한 감정, 맥락 그리고 창의적 연결을 담당한다. 즉, 인간은 데이터를 넘어 '이야기'를 만든다. 기술이 아무리 정교해져도 이야기를 엮는 힘과 공감의 언어는 오직 인간만이 가질 수 있다.

인공지능 시대의 진정한 생존력은 결국 자기이해와 자기갱신의 능력에서 비롯된다. 자신이 무엇을 좋아하고, 무엇을 위해 살아가며, 어떤 가치를 세상에 남기고 싶은지 끊임없이 묻는 사람은 어떤 기술의 변화 속에서도 흔들리지 않는다. '나는 누구인가'라는 질문이 '나는 무엇을 할 수 있는가'보다 앞서야 한다. 기술은 수단일 뿐, 방향을 정하는 것은 인간의 몫이다.

따라서 AI 시대의 인간은 다음 네 가지를 끊임없이 연마해야 한다. 첫째, 배우는 능력이다. 지식이 아니라 학습력, 즉 배우는 법을 배우는 능력이다. 둘째, 창의적 연결력이다. 전혀 다른 지식을 엮어 새로운 통찰을 만들어내는 능력이다. 셋째, 감정지능EQ이다. 공감하고 소통하며 협업할 수 있는 능력은 AI가 대체할 수 없다. 넷째, 윤리적 판단력이다. 기술이 발전할수록 옳고 그름의 경계가 흐려진다. 이때 인간의 양심과 철학이 방향을 제시한다.

AI 시대에는 '정보의 전쟁'이 아니라 '의미의 전쟁'을 한다. 결국 살아남는 사람은 기술을 잘 다루는 사람이 아니라, 그 기술에 영혼을 불어넣는 사람이다. 스티브 잡스가 말했듯이 "기술은 인문학과 결합할 때 비로소 아름다워진다." 인공지능이 세상을 자동화할수록 인간은 더 인간다워야 한다. 결국 인공지능 시대의 생존법은 단 한 문장으로 요약할 수 있다.

"AI를 이기려 하지 말고 AI와 함께 성장하라."

AI를 내 안의 또 다른 가능성으로 받아들이고, 그것을 통해 더 깊이 생각하고, 더 멀리 꿈꾸며, 더 따뜻하게 살아가는 것, 그것이 인공지능 시대를 살아가는 인간의 길이다. 인공지능 시대에 가장 두려운 것은 기술이 아니다. 생각하지 않는 인간이다. 세상이 빠르게 변하면서 많은 사람이 "AI가 내 일을 빼앗지 않을까?"라고 걱정하지만, 진짜 위험은 기술이 인간을 대체하는 것이 아니라 인간이 스스로 배우는 것을 멈추는 순간이다. 이 시대에 살아남으려면 어떻게 해야 할까?

첫째, '업業'을 설계해야 한다.

스펙이나 직장이 아니라 평생을 걸고 할 업의 방향을 명확히 정해야 한다. 인공지능이 인간의 반복적인 일을 대신할수록 인간은 사고력과 판단력 그리고 통합적 문제해결력을 바탕으로 가치를 창출해야 한다. 지금의 직업은 사라질 수 있지만 업은 남는다. 회계, 법률, 기술, 예술 등 어떤 분야라도 상관없다. 그 안에서 AI를 도구로 삼아 확장할 수 있는 영역을 찾아야 한다.

둘째, 역진귀납법으로 인생을 설계해야 한다.

20년 후의 자신을 먼저 그려야 한다. 어떤 일을 하고 있고, 어떤 삶을 살고 있을지 명확히 상상할 때 오늘 해야 할 일이 보인다. AI 시대는 불확실하지만 방향이 뚜렷한 사람은 흔들리지 않는다. 1년, 5년, 10년 뒤의 목표를 역산하여 지금의 공부와 경력을 설계해야 한다. 꿈이 전략이 되어야 현실이 움직인다.

셋째, 배우는 능력 자체를 직업화해야 한다.

인공지능은 데이터를 학습하지만 인간은 의미를 학습한다.

새로운 기술이 나올 때마다 "이건 뭐지?"라고 멈추는 대신 "이건 어떻게 내 일에 연결할 수 있을까?"를 고민해야 한다. 배움의 속도가 곧 생존의 속도다.

넷째, **실패를 두려워하지 않아야 한다.**

실패는 끝이 아니라 데이터다. 내가 세 번의 창업 실패 끝에 공부를 해서 인생을 바꾼 것처럼 실패는 방향을 수정하는 신호일 뿐이다. AI는 실패를 두려워하지 않는다. 그러나 인간은 실패에서 의미를 찾는다. 그 차이가 인간의 강점이다.

다섯째, **메타인지(자기이해)를 키워야 한다.**

내가 무엇을 알고 무엇을 모르는지를 아는 사람은 어떤 시대에도 성장한다. AI가 아무리 똑똑해도 스스로를 객관화하지 못하는 사람은 금세 뒤처진다. 자신을 냉정하게 분석하고, 학습 전략을 수정하며, 나만의 성장 루프를 만들어야 한다.

결국 인공지능 시대의 생존법은 이 한 문장으로 요약된다. "AI를 두려워하지 말고 AI와 함께 성장해야 한다." 기술은 인간을 대체하는 것이 아니라 확장하는 도구다. 세상이 바뀔수록 더 많이 배우고, 더 깊이 생각하고, 더 넓게 연결하는 사람이 되어야 한다. 인공지능 시대는 기계의 시대가 아니라 '깨어 있는 인간의 시대'다.

지식의 투자수익률을 높이는 방법
암기 → 이해 → 적용 → 전이 과정 설계

공부에도 투자 수익률이 있다. 누군가는 같은 시간을 들여도 금세 잊어버리고 누군가는 평생의 지식으로 남긴다. 그 차이는 공부의 구조에 있다. 나는 공부를 '4단계 투자 모델'로 설계했다. 공부의 효율은 이 네 단계의 흐름을 얼마나 정확히 따라가느냐에 달려 있다.

① **암기**Memorization: 지식의 씨앗을 심는 단계다.
모든 공부의 출발점은 암기다. 하지만 암기란 단순히 외우는 게 아니라 지식의 기초 틀을 만드는 과정이다.
② **이해**Understanding: 씨앗이 싹을 틔우는 과정이다.
왜 그런지, 어떤 맥락에서 생긴 개념인지 스스로 질문한

다. 이때 가장 중요한 건 '왜'라는 질문을 끝까지 놓지 않는 것이다.

③ **적용**Application: 지식을 실제 문제에 대입하는 과정이다. 회계의 원리를 배웠다면 재무제표를 직접 분석하고, 법학의 개념을 익혔다면 판례를 찾아 적용한다. 이때부터 공부는 '이론'에서 '도구'로 진화한다.

④ **전이**Transfer: 지식을 다른 분야로 확장하는 단계다. 회계 지식이 세무 판단에, 법학 개념이 경영 의사결정에, 경제학 이론이 투자 전략에 연결된다. 전이는 단순한 응용이 아니라 지식이 실전으로 전환되는 순간이다.

이 네 단계를 거치면 지식은 '정보'에서 '무기'로 변한다. 암기는 체력, 이해는 논리, 적용은 실전감각, 전이는 창의력이다. "지식의 진짜 가치는 그것이 얼마나 넓게 전이되는가에 달려 있다."

나는 지금도 논문을 쓸 때, 이 구조를 그대로 사용한다. 아이디어를 모으고(암기), 이론으로 체계화하고(이해), 사례로 검증하며(적용), 새로운 분야로 연결한다(전이). 이 과정이 반복될수록 공부는 단순한 시험 준비가 아니라 생각을 확장하는 지적 시스템이 된다.

메타인지의 완성
전략 공부법으로 진화

메타인지 기반 공부법은 단순히 합격을 위한 기술이 아니다. 그것은 평생학습 시대를 살아가는 인간의 생존 전략이다. 공부는 더 이상 머리의 싸움이 아니다. 그것은 자기 인식의 싸움이다.

내가 공부를 통해 배운 건 단지 지식이 아니었다. 공부란 결국 '나를 관찰하는 일'이었다.

공부하면서 나는 나의 성격, 나의 한계, 나의 사고 패턴을 봤다. 그것을 인식하고 조정하는 과정이 곧 '성장'이었다.

메타인지는 내 삶의 방식이 되었다. 내가 강의를 할 때, 책을 쓸 때, 심지어 사람을 만날 때도 나는 스스로에게 묻는다. "나는 지금 무엇을 알고, 무엇을 모르는가?"

이 질문 하나가 나를 매일 새롭게 만든다. 그 덕분에 나는 매년 논문을 쓰고, 새로운 책을 집필하며, 끊임없이 배우고 진화한다.

"모르는 것을 모르는 사람은 실패한다.

모르는 것을 아는 사람은 시작한다.

그리고 그것을 설명할 수 있는 사람은 결국 합격한다."

이 한 구절이 내가 걸어온 공부 인생의 요약이다. 공부는 결국 자기 자신을 이해하는 기술이며, 그 기술을 터득한 사람만이 세상의 어떤 변화 속에서도 흔들리지 않는다.

나는 이제 확신한다. 공부의 끝은 합격이 아니라, 자기 인식의 완성이다. 그리고 그것이 내가 평생 멈추지 않고 배우는 이유다.

인사이트 **주식과 부동산에 투자하는 이유**

나는 어릴 때부터 '돈'이라는 주제를 단순한 욕망의 대상이 아니라, 세상을 이해하는 언어로 보았다. 어릴 적 IMF 외환위기 속에서 아버지의 사업이 무너지고, 가족이 하루아침에 삶의 기반을 잃었던 경험은 나에게 강렬한 인식을 남겼다. 그때 알았다.

"세상은 감정이 아니라 숫자로 움직인다." 그 이후로 나는 장사와 회계를 배우고 돈의 흐름을 관찰하는 습관을 들였다. 중학생 때는 작은 거래로 돈이 움직이는 구조를 흉내 내며 경제의 원리를 체득했고, 고등학교에서는 주식회사의 구조와 주식시장의 원리를 공부했다.

돈의 흐름을 이해하고 싶었다.

나는 단순히 돈을 벌고 싶었던 것이 아니라 돈이 세상에서 어떻게 움직이는지 알고 싶었다. 아버지가 실패하던 그 시절, 나는 이해할 수 없었다. 왜 같은 제품을 팔아도 어떤 사람은 부자가 되고, 어떤 사람은 망하는 걸까? 그 질문이 나를 회계와 경제의 세계로 이끌었다.

회계를 공부하면서 처음으로 돈의 '언어'를 배웠고, 재무제표의 숫자가 사람의 판단과 감정을 반영한다는 걸 알았다. 주식투자는 그 배운 지식을 현실에서 실험하는 과정이었다.

"나는 이론으로 공부한 경제학을 주식시장이라는 살아 있는 교과서에서 검증했다."

지금은 수십억의 포지션을 취하기도 하지만 처음엔 작은 금액으로 시작했다. 기업의 사업보고서를 분석하고, 재무구조를 뜯어보며 '이 회사가 진짜로 돈을 버는 구조를 가지고 있는가'를 파악했다. 단 한 주를 사도, 그 기업의 모든 뉴스가 내 일이 되었고 그 과정에서 나는 세상을 '데이터'로 읽는 법을 배웠다.

부동산은 현실 경제의 체화였다.

주식이 '세상을 읽는 공부'였다면, 부동산은 '세상을 체험하는 공부'였다. 감정평가사로 일하며 나는 수천 건의 부동산을 평가했다. 그 과정에서 배운 건 단순한 시세가 아니라 도시의 성장 방향과 인간의 욕망의 지도였다.

도시가 어떻게 확장되고, 교통과 인프라가 어떤 가치를 만들어내는지, 사람들이 왜 어떤 지역을 선택하고 떠나는지 그 모든 것이 부동산 속에 담겨 있었다. 어릴 적에는 낡은 전셋집을 전전하며 '언젠가 내 집을 가져야겠다'는 막연한 목표가 있었다. 하지만 시간이 지나면서 깨달았다. 집을 산다는 것은 단지 공간을 사는 것이 아니라 시간과 사회의 변화를 사는 일이라는 것을.

그래서 나는 부동산 투자를 단순한 재테크가 아닌 '공간과 시간의 흐름을 해석하는 공부'로 여겼다. 한 필지의 땅을 보며 도시의 미래를 상상하고, 재개발 구역을 보며 사람들의 이동 경로를 예측했다. 이런 과정을 거치며 부동산이야말로 인간의 행동경제학이 집약된 시장임을 알게 되었다.

공부로 시작해 투자로 이어졌다.

나는 공부를 '인생의 투자'로 이해했다. 고3 겨울방학에 스스로 공부 계획을 세울 때조차, 머릿속엔 언제나 '투자 수익률'이라는 개념이 있었다.

"3개월의 시간과 응시료를 투자했을 때, 그 결과가 합격증과 자신감으로 돌아올 수 있을까?"

그 습관은 지금까지 변하지 않았다. 나는 책을 쓸 때도, 논문을 쓸 때도, 새로운 사업에 투자할 때도 같은 질문을 던진다.

"이 지식에 투자했을 때, 나의 판단력은 얼마나 성장할까?"

결국 투자란 돈의 싸움이 아니라 판단의 싸움이다. 나는 기업의 재무제표를 보며 숫자 뒤의 철학을 읽고, 부동산 지도를 보며 인간의 심리를 추적한다. 그 과정에서 깨달은 것은 하나다. 지식은 돈보다 강력한 자산이라는 것이다.

투자는 나의 사고를 현실로 검증하는 과정이다.

나는 늘 공부를 많이 하는 편이지만, 이론은 현실에서 검증될 때 비로소 생명을 얻는다. 그래서 나는 공부로 세상을 해석하고, 투자로 세상을 실험한다. 책상 위에서 분석한 논리가 시장이라는 냉정한 현실 속에서도 통할 수 있는가. 그 질문이 나를 끊임없이 성장시킨다.

주식투자를 하며 나는 사람의 탐욕과 두려움을 배웠고, 부동산투자를 하며 시간의 가치를 배웠다. 이 두 시장은 다르지만 결국 본질은 같다. 투자란 "현재의 불확실성을 감내하고 미래의 가치를 사는 행위"이기 때문이다.

나에게 투자란 곧 '삶의 철학'이다.

나는 지금도 매일 아침 뉴스를 읽고 각종 경제리포트를 요약하며, 시장의 흐름을 정리하면서 하루를 시작한다. 그건 단순한 습관이 아니라 세상과 대화하는 방식이다.

"투자는 세상을 배우는 가장 현실적인 공부다."

주식은 나에게 '세상의 방향'을 알려주고 부동산은 '사람의 삶'을 가르쳐준다. 이 두 축은 결국 나의 인생을 구성하는 두 개의 언어다.

이성의 언어(주식)와 감성의 언어(부동산)

나는 돈을 쫓으려고 투자하지 않는다. 투자를 통해 세상을 배우고, 그 배움을 다시 글로, 강의로 그리고 실천으로 돌려준다. 그 순환이 나를 움직이게 한다. 결국, 내가 주식과 부동산에 투자하는 이유는 단순하다. 그것이 내게 세상을 이해하는 방법이자 자유를 지키는 방식 그리고 끊임없이 성장하는 공부의 연장선이기 때문이다.

"나는 투자를 통해 돈을 번 것이 아니라 세상을 배웠고, 나 자신을 키웠다."

그것이 곽상빈의 투자 철학이자 오늘도 내가 시장을 공부하는 교실로 삼는 이유다.

7장

꿈에 눈이 멀어라

시시한 현실 따위는 보이지 않게
세 번의 실패, 세 번의 합격
그리고 다섯 개의 전문직 타이틀

내가 처음 꿈을 제대로 붙잡은 날 현실은 유난히 또렷했다. 가계부는 마이너스였고, 집 전화는 하루에도 몇 번씩 벨이 울렸다. 공부는 사치였고, 오늘을 버티는 일이 전부였다.

그럴수록 세상은 "그만해라, 이제 되었다"라고 속삭였다. 그 말이 싫었다. 현실은 언제나 안전하고, 그래서 지루하다. 나는 안전보다 위험을 택했다. 남들이 미쳤다 할 만큼 공부했고, 남들이 불가능하다 할 만큼 꿈을 꾸었다. 그래서 다짐했다. 시시한 현실 따위는 보이지 않게, 꿈에 눈이 멀어야 한다고.

처음엔 실패가 먼저 왔다. 수능은 두 번 미끄러졌고, 공인회계사 시험은 세 번 떨어졌다. "나는 안 되는 사람일지도 모른다"라는 생각이 목을 조였다. 그러나 내 안에는 또 다른 목소리가 있었다.

"실패는 변수다. 공부는 함수다. 꿈은 상수다."

변수는 흔들리지만 상수는 흔들리지 않는다. 그래서 나는 변수를 탓하지 않고 함수를 갈아엎었다. 공부의 방식, 하루의 구조, 목표의 단위를 새로 디자인했다. 그리고 네 번째 도전에서 공인회계사에 합격했고, 이후 감정평가사·손해사정사·변호사·경영지도사까지 자격의 지평을 넓혔다. 합격증이 늘어갈수록 현실은 조금씩 뒤로 물러났다. 꿈의 상수가 내 삶의 계산식을 지배하기 시작한 것이다.

밤 2시, 독서실 불이 꺼지는 순간이 하루의 끝이 아니라 다음 라운드의 시작이었다. 출근길 지하철에서 기본서를 펼쳤고, 점심시간엔 요약노트를 붙잡았다. 회사 일을 마치고 나면 카페로 자리를 옮겨 자정을 넘겼다. 몸은 지쳤지만 마음은 이상하게 고요했고 확신이 있었다.

"지금은 비록 아무 결과가 없지만 이미 꿈의 방식으로 살고 있다."

현실을 잠시 지우고 내가 그리고 싶은 다음 꿈의 선을 또렷하게 보기 위해 눈을 감는 훈련… 그것이 나를 버티게 했다.

인생은 시험의 연속
인생의 각 단계는 나의 또 다른 시험

합격 통보를 받던 날 모든 시험이 끝났다고 믿었다. 그러나 진짜 시험은 그다음부터였다. 회계법인에서의 첫 감사보고서, 법정에서의 첫 변론, 감정평가서에 찍힌 첫 사인, 매 순간이 다른 형식의 시험이었다. 문제의 난도는 높았으며 정답은 하나가 아니었다.

숫자보다 사람이, 조문보다 맥락이 중요하다는 사실을 현장에서 배웠다. 그래서 인생의 각 단계는 늘 나의 또 다른 시험이었다고 지금도 나는 말한다. 직장과 공부를 병행할 때는 인간관계와 수면을 희생해야 했다.

새벽 6시에 일어나 출근길에 문제를 풀었고, 점심 30분도 케이스를 정리하는 데 썼다. 퇴근 후엔 카페 한구석에서 자정을 넘겼고, 집에 돌아오면 다시 요약노트를 덧칠했다. 시험이 끝나면 잠깐의 해방감이 찾아왔지만, 곧 다음 목표를 정하고 다시 달렸다. 주변에서는 "공부가 직업인가"라고 묻곤 했지만 내게 공부는 직업이 아니라 삶을 재설계하는 기술이었다.

감정평가 실무에서는 동일한 자료로 서로 다른 결론이 나올 수 있는 세계를 경험했다. 땅값의 숫자 하나 뒤에 누군가의 생애와 계획이 달려 있었다. 변호사로 일하면서는 논리의 정합성만큼 상대의 사정과 감정을 읽는 일이 중요했다. 회계는 사실을, 법은 규범을, 평가는 판단을 다룬다. 각각의 시험은 서로 다른 능력을 요구했지만, 그 핵심은 한 가지, 사람을 이해하는 능력이었다.

이렇게 보면 합격은 결과가 아니라 통과권이었다. 다음 스테이지로 진입하는 문 앞에서 나는 다시 시험지를 받았다. 시험은 형태만 바꿔 계속 나타났다. 어떤 날은 협상 테이블에서, 어떤 날은 고객의 눈빛에서, 또 어떤 날은 나 스스로의 양심 앞에서. 그래서 나는 오늘도 스스로를 점검한다.

"지금 내가 푸는 문제는 무엇인가, 그리고 이 문제의 정답은 단 하나인가?"

대부분의 답은 복수형이었다. 나는 답을 만들어가는 것이었다.

나는 긍정과 감사를 '마음의 습관'으로 받아들인다. 예전의 나는 늘 부족함부터 보았다. 더 많은 일, 더 큰 매출, 더 많은 자격증, 더 높은 목표. 무언가를 성취해도 금세 허전했고 조금만 틀어져도 불안했다. 그러다 어느 순간 깨달았다. 감사는 결과가 아니라 시선의 문제라는 걸. 세상이 변하기를 기다리는 대신 내가 세상을 바라보는 눈을 바꾸면 삶은 훨씬 다르게 보인다.

처음 감사를 배우기 시작했을 때 가장 먼저 달라진 건 문제의 크기였다. 과거에는 매출이 조금만 떨어져도 모든 게 무너지는 것처럼 느껴졌지만 이제는 "그래도 이 시기에 고객이 남아 있다는 게 얼마나 감사한가"라고 생각한다. 문제가 사라지는 건 아니지만 두려움의 무게가 줄어든다. 감사는 현실을 바꾸지 않아도 마음의 초점을 바꿔준다. 그 차이가 결국 위기를 버티게 만든다.

또 하나 달라진 건 사람을 대하는 태도다. 이전의 나는 결과 중심적이었다. 성과가 기준이었고 목표를 달성하지 못하면 스스로를 몰아붙였다. 하지만 감사를 배우면서 사람을 먼저 보기 시작했다. 함께 일하는 직원이 늦은 밤까지 고생할 때 그들의 헌신이 곧 내 성과의 일부라는 걸 알게 되었다.

"수고했어요, 고마워요."

이 말 한마디가 조직의 분위기를 바꿔놓았다. 감사는 단순한 인사가 아니라 관계의 온도를 높이는 기술이었다. 그리고 신기하게도 감사를 실천하면서 일이 잘 풀리고 운이 좋아졌다. 감사할 때 대부분 잘된다. 물론 그건 우연이 아니다. 감사하는 사람은 항상 기회를 볼 준비가 되어 있기 때문이다. 예전엔 문제를 보면 불만이 먼저 나왔지만 지금은 그 안에서 배울 점을 찾는다.

"이 실패 덕분에 다음엔 더 나아질 수 있겠구나."

그 마음 하나가 새로운 사람을 끌어들이고 예상치 못한 기회를 만든다. 감사는 나에게 좋은 우연을 끌어당기는 자석이 되었다.

감사는 나 자신도 바꿨다. 사업이 힘들 때, 논문이 막힐 때 스스로를 몰아붙이는 대신 이렇게 말했다.

"그래도 배울 수 있는 환경에 있다는 게 감사한 일이다."

그 생각 하나가 마음의 방향을 바꿔주었다. 결국 긍정이란 현실을 무시하는 게 아니라 그 안에서 다시 희망을 선택하는 힘이다. 그 힘은 내가 다시 일어서게 하는 연료가 되었다.

마지막으로 감사는 내 삶을 가볍게 만들었다. 비교와 욕심이 줄어들었다. 예전엔 늘 더 많이 가져야 한다고 믿었지만 지금은 '이미 충분하다'는 마음으로 산다. 건강하게 일할 수 있고, 믿을 수 있는 동료가 있고, 가족이 곁에 있다는 사실만으로도 행복하다. 감사를 배우면 세상은 더 이상 경쟁의 무대가 아니라 충분함의 공간으로 바뀐다. 이제 나는 매일 아침 이렇게 다짐한다.

"오늘 하루, 감사할 수 있는 일 하나는 꼭 찾자."

그 작은 습관이 내 하루를 견디게 하고 다시 나아가게 만든다. 사업이 잘될 때는 겸손하게, 어려울 때는 담담하게 만들어준다. 감사는 내게 단순한 감정이 아니라 삶의 언어가 되었다.

결국 긍정하고 감사하면 세상이 달라지는 게 아니라 세상을 살아가는 내 마음이 달라진다. 그리고 마음이 달라지면 사람이 달라지고, 행동이 달라지고, 인생이 달라진다. 나는 그것을 수많은 실패와 성공 과정에서 직접 증명했다. 감사와 긍정은 내 인생의 최고 자산이다. 그 덕분에 나는 여전히 흔들리지만 결코 무너지지 않는다.

꿈은 끝나지 않는다
변호사·회계사·감정평가사를 넘어

꿈은 끝나지 않는다. 합격증이 늘고 직함이 바뀌어도, 공부의 방정식은 계속 작동한다. 내가 얻은 것은 '합격증'이 아니라 '방정식'이었기 때문이다.

실패(변수)가 늘어도 공부(함수)를 통해 꿈(상수)에 수렴하도록 식을 다시 세운다. 그래서 오늘의 나에게도 할 일은 많다. 변호사이자 회계사, 감정평가사로서 실무는 물론, 금융과 세무를 도구로 M&A를 통해 기업을 돕는 일에 집중한다. 현금흐름의 구조를 재설계하고, 거래의 리스크를 법·세무·평가로 분해해 다시 조립한다. 그 과정 자체가 내게는 또 하나의 공부이며 실험이다.

그리고 책을 쓴다. 이 책은 화려한 성공담이 아니라, 한 인

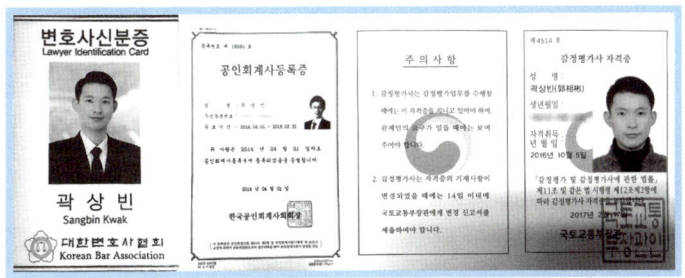

간이 어떻게 무너지고 다시 일어나 세상을 설계했는가에 관한 기록이다. 페이지마다 가난과 실패, 절망과 재기 그리고 다시 설계하는 법을 적었다.

나는 여전히 평범하지만 끊임없이 공부하고 실행하는 실천가로 남아 있고 싶다. 꿈을 전략으로 바꾸는 방법, 목표를 역산하는 방법, 시스템으로 꾸준함을 만드는 방법을 스스로 검증하며 걷는다.

그래서 오늘도 의식적으로 현실의 초점을 조금 흐린다. 눈을 감고, 다음 꿈의 선을 또렷하게 보기 위해서다. "꿈에 눈이 멀어라. 시시한 현실 따위 보이지 않게." 이 말은 한때 나의 주문이었고, 지금은 나의 신념이다.

실험은 계속된다

돌아보면, 공부는 세상을 이해하려는 가장 용기 있는 반항이었다. 현실이 강요하는 한계에 맞서 지식으로 반격했고, 실패의 자리마다 더 나은 알고리즘을 만들었다. 이제 나는 안다.

실패는 변수, 공부는 함수, 꿈은 상수라는 이 간명한 공식으로 내 인생을 계산해 왔다는 것을. 그리고 그 검증은 아직 끝나지 않았다. 내일도 새로운 문제를 받을 것이다. 그 문제를 풀어 다음 스테이지로 넘어갈 것이다. 그렇게 해서, 꿈은 끝나지 않는다.

대학교수와 사업가
좋아하는 일을 모두 한다는 것

김앤장 법률사무소에 처음 입사했을 때 나는 마음속으로 이렇게 다짐했다.

"이곳에서 보내는 모든 시간이 내 인생의 자산이 되게 하자."

그 시절 나는 매달 적게는 200시간, 많게는 300시간 가까이 일했다. 자문서와 보고서를 쓰며 새벽을 맞이했고, 주말에도 사건 기록을 들춰보며 법리와 회계의 균형점을 찾았다. 하지만 그런 혹독한 시간 속에서도 공부를 멈추지 않았다. 퇴근 후엔 연구자로 돌아가 논문을 쓰고, 주말엔 도서관에서 학문으로 현실의 문제를 분석했다. 그 결과, 2년 만에 경영학박사 학위를 취득할 수 있었다.

내 논문은 책상 위의 이론이 아니라 실무에서 매일 부딪친 고민에서 출발했다. 로펌 실무를 하면서 수없이 많은 감정평가 관련 분쟁과 가치평가 쟁점을 직접 다뤘다. 같은 기업을 두고도 감정평가 결과가 천차만별이었고 법원과 과세당국, 회계법인, 감정평가사마다 기준이 다르게 적용되는 현실을 매일 목격했다. 그 모순이 내 연구의 출발점이었다.

그래서 내 박사학위 논문은 감정평가의 법적·제도적 쟁점 그리고 가치평가의 객관성과 신뢰성을 확보하기 위한 개선 방안을 중심으로 썼다. 감정인의 독립성 문제, 손해배상소송에서 평가 책임, 시장가치 산정의 공정성 그리고 평가모형의 현실적 한계를 법학·회계학·재무이론의 교차점에서 분석했다. 결국 이 논문은 현장에서 매일 다루던 문제를 학문으로 끌어올린 연구였고, 실무와 이론을 잇는 다리로 평가받았다.

나는 늘 '현장이 곧 연구실'이라는 철학으로 살아왔다. 업무에서 생긴 의문이 곧 내 논문 주제가 되었고, 논문에서 다룬 논리가 다시 업무의 기준으로 돌아왔다. 그 순환이 있었기에 하루 12시간씩 일하면서도 새벽엔 여전히 공부할 수 있었다. 피로보다 더 큰 원동력은 '이 일이 세상을 조금이라도 바꾸고 있다'는 확신이었다.

박사학위를 마친 뒤에도 나는 멈추지 않았다. 내가 배운 것을 가르치고 현장에서 얻은 통찰을 공유하고 싶었다. 그래서 지금 나는 한양대학교 부동산융합대학원과 동국대학교 법무대학원에서 겸임교수로 강의하고 있다. 매주 하루 강단에 서서 실무의 언어로 학생들에게 감정평가·M&A·기업 가치평가의 세계를 전하고 있다. 이론으로만 가르치는 수업이 아니라 로펌과 회계법인 그리고 실제 기업 현장에서 있었던 생생한 사례를 바탕으로 강의한다. 학생들이 묻는다.

"교수님, 이건 현실에서 정말 이렇게 되나요?"

그 질문이 나를 미소 짓게 한다. 나는 실제로 그 현장을 매일 경험하고 있기 때문이다.

대부분 시간을 나는 여전히 현장에서 보낸다. 율현회계법인 대표회계사로서 기업의 세무·회계 자문을 맡고, 동시에 WMD의 부대표로 M&A 자문 플랫폼을 운영하고 있다. 율현은 회계와 세무의 정밀함을, WMD는 M&A의 전략과 가치평가의 통찰을 다룬다. 두 영역은 다르지만, 결국 하나의 목적을 향한다.

"기업의 가치를 바로 세우는 일."

매일 현장에서 기업을 만나고, 숫자 뒤에 숨은 사람의 이야기를 듣는다. 한편으로는 회계법인의 보고서를 검토하고, 또 한편으로는 인수합병 협상 테이블에서 기업가치 산정을 조율한다. 그리고 그 경험이 다시 강의실로 돌아간다. 학생들에게 말한다.

"이론은 문제를 설명해 주지만 해답은 현장에 있습니다. 그래서 진짜 공부는 늘 '현장으로 돌아가는 것'입니다."

지금의 나는 교수이자 실무가이고, 연구자이자 기업가다.

하루는 강단에서 학생들과 토론하고, 다음 날은 기업 현장에서 재무구조를 진단하며, 그다음 날은 인수 협상 자리에서 가치평가의 논리를 설득한다. 이렇게 세 무대가 매일 나의 하루를 구성한다. 하지만 그 모든 중심에는 단 하나의 신념이 있다.

"가치를 정직하게 평가하는 사람이 세상을 바꾼다."

돌이켜보면, 김앤장에서의 혹독한 시절이 지금의 나를 만들었다. 그때 배운 분석력, 체력 그리고 집요함이 없었다면 율현회계법인을 세우지도, WMD를 운영하지도, 학생들 앞에서 자신 있게 말하지도 못했을 것이다. 그때의 긴 시간이 지금의 끈기와 판단력을 만들었다.

나는 지금도 그 시절의 태도로 하루를 산다. 새벽에 일어나 보고서를 쓰고, 낮엔 기업인을 만나고, 밤에는 강의안을 다듬는다. 사람들은 종종 묻는다.

"그렇게 바쁜데 어떻게 다 하세요?"

나는 대답한다.

"내가 좋아하는 일을 하고 있으니까요. 일과 공부, 사업과 강의, 이 모든 게 결국 하나의 길입니다."

그 길의 끝에서 내가 꿈꾸는 건 화려한 성공이 아니라 내가 만든 구조 속에서 한 명이라도 더 정당한 가치를 인정받는 세상이다. 그게 내가 김앤장에서, 율현에서, WMD에서 그리고 강단에서 지금도 쉬지 않고 일하는 이유다.

결국 사람이 먼저다
사업은 사람을 지키는 일

나는 오래도록 숫자와 계약서 사이에서 살았다. 회계사, 변호사, 감정평가사 그리고 사업가라는 이름으로 15년을 보냈다. 처음엔 지식이 전부라고 믿었다. 법 조항을 더 많이 외우고, 재무제표의 오차를 한 셀이라도 더 줄이면 세상은 내 편이 될 거라고 생각했다. 서랍에는 국제회계기준과 세법 해설서가 구겨진 포스트잇과 함께 쌓여 있었고, 노트북 바탕화면에는 파일명이 비슷한 보고서가 줄지어 있었다. 그런데 정작 나를 움직이게 하고 회사를 앞으로 밀어준 건 지식이 아니라 사람이었다. 그 사실을 인정하기까지는 꽤 많은 새벽과 실패 그리고 고마운 얼굴들이 필요했다.

한 번은 재무구조가 급격히 흔들리던 고객사가 있었다.

수치만 놓고 보면 구조조정 의견을 냉정하게 권할 수밖에 없었다. 그런데 대표의 눈앞에서 '현금흐름표'라는 말이 나오자 그가 아주 조용한 목소리로 말했다.

"여기 사람들 월급날만은 지켜주세요."

그때 비로소 숫자의 행간이 보였다. 그 회사의 비용은 급여였고 급여는 가족의 생활이었다. 나는 모델을 다시 짰다. 금융기관과의 만남에서 '리스크' 대신 '유지될 신뢰'를 이야기했고, 거래처에는 결제 순서를 재조정하며 서로 한 발씩 물러서는 동의를 받았다. 결과는 어찌 보면 기적 같았지만 사실은 간단했다. 몇몇 사람이 서로 마음을 먼저 본 것이었다. 그날 밤 늦게 대표에게서 문자가 왔다.

"고맙습니다. 이번 달도 사람들 월급이 나갔습니다."

그 문장 한 줄이 수백 페이지 보고서보다 더 큰 보상이었다. 소송사건을 맡거나 법률 자문을 할 때도 비슷했다. 이건 오히려 김앤장 법률사무소를 퇴사하고 잠시 개업을 했을 때 더 와닿았다.

사건의 핵심을 파고들다 보면 결국 문장과 문장 사이에 남은 침묵이 진실을 가리킨다. 어떤 의뢰인은 이길 가능성이 크지 않은 분쟁을 껴안고 있었다. 논리만 보면 타협이 답이었다. 하지만 그가 한참을 망설이다 꺼낸 말이 있었다.

"변호사님, 이건 돈의 문제가 아니라 제 업의 명예 문제입니다."

그 순간 소송 전략의 축이 달라졌다. 우리는 금액보다 문구에 공을 들였고, 법정 밖에서 상대방의 체면을 살리는 길을 찾았다. 결과적으로 합의문에는 누구도 목소리를 높이지 않을 수 있는 문장이 채워졌다. 그 일을 마치고 돌아오는 길, 창밖으로 스쳐 지나가는 가로등을 보며 생각했다. 법은 정의를 세우는 도구지만 정의는 결국 사람을 이해하려는 태도에서 시작되는 것이라고.

감정평가를 하면서는 '가치'라는 말을 다시 배웠다. 도면과 실측치, 비교사례를 아무리 정교하게 맞춰도 현장을 밟지 않으면 설명되지 않는 가격이 있다. 오래된 상가의 협소한 2층, 낮은 층고와 비효율적인 동선 때문에 할인 요인이 많았지만 가게 주인은 말했다.

"여기서 아이 둘을 키웠어요."

그 말은 가격표에 적히지 않지만 경매장에서도 낙찰가를 올리는 어떤 힘으로 작용한다. 층고는 낮아도 단골의 발걸음은 잦고 노후화는 진행돼도 장소에 대한 신뢰는 축적된다. 나는 그날 보고서의 마지막 줄을 고쳐 썼다.

"시장가치는 수치로 도출되지만 유지되는 가치는 관계에서 비롯된다."

숫자는 설명하고 사람은 설득한다. 설득이 축적되면 시장은 그 설득을 가격으로 기입한다.

사업을 하면서 이 진실은 더 또렷해졌다. 작은 결정 하나가 사람의 하루를 바꾸고, 그 하루가 모여 회사의 내일이 된다. 위기가 닥쳤을 때 제일 먼저 달려와 "대표님, 오늘은 제가 남겠습니다"라고 말하는 사람 덕에 회사는 다시 기동력을 얻었다. 결과가 좋지 않은 프로젝트를 마무리하는 자리에서도 누군가는 조용히 커피를 건넨다.

"다음번엔 더 잘해봅시다."

그 한 잔의 온도가 회의실 공기를 바꾸고, 다음 기회를 부르는 열이 된다. 반대로 아무리 수익성이 높은 제안이라도 신뢰가 얇다면 나는 망설인다. 손익계산서의 숫자는 유혹적이지만, 그 숫자를 지탱할 사람이 보이지 않으면 닿을 수 없는 숫자다. 회사는 돈으로 굴러가는 듯 보이지만, 실제로는 얼굴로 굴러간다. 기한을 지키는 얼굴, 책임을 나누는 얼굴, 실패를 공유하는 얼굴이 회사를 굴린다.

나 또한 수없이 많은 사람에게 빚을 졌다. 일정이 꼬여 새벽에야 시작된 보고서 작업을 끝까지 붙들고 함께 날을 샌 동료, 바쁜 와중에도 초안을 읽고 핵심 문장을 찾아낸 후배, 예상치 못한 리스크가 불거졌을 때 "먼저 사과하겠습니다. 제 판단이었습니다"라고 말해준 팀장. 그런 순간들을 지나며 회사는 내가 만든 것이 아니라 우리가 함께 쌓아 올린 것임을 배운다. 회의가 끝나고 텅 빈 자리들을 바라보면 낮 동안 그 자리에 있었던 사람들의 온기가 남아 있다. 그 온기가 회사를 지키는 최후의 방어선이다.

고객들에게서 받은 따뜻함도 많다. 계약서 날인이 미뤄지던 어느 날, 상대방 대표는 서류철을 덮고 내 손을 먼저 잡았다.

"문장은 내일 다듬죠. 오늘은 서로 믿었다는 걸 남깁시다."

악수는 짧았지만 그 이후의 관계는 길었다. 또 어떤 고객은 시장이 급락하던 날 아침 전화를 걸어왔다.

"지금은 숫자 말고 마음이 필요합니다. 함께 버텨주시죠."

그 한마디로 우린 불필요한 움직임을 멈췄고, 몇 달 뒤 훨씬 나은 조건으로 계약을 마무리했다. 장부에는 적히지 않지만, 회사의 체력을 키우는 건 이런 종류의 문장이다. 신뢰는 비용이 들지 않지만 이익을 낳고, 따뜻함은 보이지 않지만 속도를 만든다.

요즘 나는 회의를 시작할 때 보고서부터 펼치지 않는다. 먼저 사람의 의도를 묻는다. 왜 이 일을 하는가, 무엇을 지키고 싶은가, 무엇을 감수할 수 있는가. 그 대답이 정직할수록 전략은 단순해지고 실행은 빨라진다. 사람의 언어로 정리된 목표는 숫자의 언어로도 명료해진다. 반대로 사람의 언어가 흐리면 숫자의 언어도 흔들린다. 그래서 나는 얼굴을 본다. 목소리의 온도, 말과 말 사이의 간격, 침묵의 길이를 듣는다. 보고서의 표와 그래프는 그다음이다.

물론 냉정함이 필요 없는 순간은 없다. 계약서의 문장 하나, 수치의 반올림 하나가 전체를 흔들기도 한다. 그래서 우리는 공부하고 검토하고 가설을 세우고 검증한다. 다만 그 모든 과정의 시작점과 종착점이 사람이어야 한다는 것을 잊지 않으려 한다. 숫자를 맞추려고 사람을 소모하면 당장은 결과가 나올 수 있지만, 다음은 오지 않는다. 사람을 지키려고 숫자를 설계하면 당장은 느려 보일 수 있어도 다음이 온다. 지속성은 신뢰의 다른 이름이고, 신뢰는 사람으로만 축적된다.

나는 스스로에게 자주 묻는다.

"지금 하는 이 결정이 누구의 하루를 바꿀까?"

그 질문이 선명할수록 나는 덜 흔들린다. 잘되면 함께 기뻐할 얼굴, 힘들면 먼저 떠올릴 얼굴, 실패해도 등을 두드려 줄 얼굴이 떠오르면 그 일은 이미 절반을 지나온 것이다. 일이란 결국 사람의 표정을 바꾸는 것이다. 내 책상 위엔 여전히 법전과 기준서가 놓여 있고, 화면엔 스프레드시트가 빽빽하지만, 그 위로 겹쳐 보이는 건 늘 사람들의 얼굴이다. 숫자 위에 얹히는 얼굴, 문장 사이로 스며드는 목소리, 도장 옆에 남는 체온.

그래서 나는 이렇게 믿게 되었다. 회계는 숫자를 맞추는 일이고, 법은 권리를 세우는 일이며, 평가는 가치를 설명하는 일이다. 그러나 사업은 사람을 지키는 일이다. 돈은 사람을 따라오지만, 사람은 돈을 따라가지 않는다. 우리를 앞으로 밀어주는 힘은 언제나 관계에서 나오고, 관계는 신뢰에서 자란다. 신뢰는 결국 한 사람의 따뜻함에서 시작된다. 지금 내가 사업을 유지하는 것도 많은 사람의 도움 덕분이다. 이름을 다 적을 수 없을 만큼 많은 손길이 매일 내 뒤에서 회사를 떠받치고 있다. 나는 그 고마움을 잊지 않으려 한다. 고마움을 잊지 않는 마음이 곧 다음 신뢰의 씨앗이 되고, 그 씨앗이 회사를 다시 자라게 한다.

결국 사람이 전부다.

이 한 문장은 내가 지나온 시간을 요약하고 가야 할 길을 비춘다. 앞으로도 나는 숫자와 문장을 더 정확하게 만들 것이다. 동시에 사람의 마음을 더 정성스럽게 다룰 것이다. 보고서 마지막 줄에는 가능하면 이런 문장을 남기고 싶다.

"이 결과는 몇 사람의 진심 위에 세워졌습니다."

그 진심이 모여 회사를 견고하게 하고, 우리의 내일을 조금 더 밝게 만든다. 그리고 언젠가 다음 세대가 지금의 우리를 돌아볼 때, 이렇게 말해주기를 바란다.

"그들은 일을 잘했을 뿐 아니라 사람을 잘 지켰다."

벌써 내가 운영하는 유튜브 채널이 3개나 되고 그중 한 개인 천재혁명은 20만 구독자를 돌파했다.

건강식품 브랜드를 론칭하고 인공지능을 활용한 M&A 플랫폼 사업도 확장하고 있다.

▲WMD 이재민 대표(좌)와 곽상빈 부대표 (우) (사진=더블유엠디)

나는 유튜브와 사업을 '수익수단'이 아니라 학습·확장·검증의 장場으로 본다. 글과 강의만으로는 닿지 못하는 영역이 있고, 책상 위의 이론은 시장에서 검증될 때 비로소 생명을 얻는다. 그래서 나는 계속 도전한다. 이유는 다섯 가지로 정리된다.

1. 배움을 확장하는 가장 빠른 실험실이기 때문이다.

유튜브는 내게 실시간 메타인지 장치다. 영상을 기획·촬영·편집·발행하는 전 과정이 하나의 학습 사이클을 이룬다. 업로드 후 24~72시간 안에 제목/썸네일 클릭률, 초반 이탈 구간, 평균 시청 지속시간 같은 지표가 즉각 피드백을 준다. 무엇이 명확했고 무엇이 모호했는지, 어떤 설명이 설득력이 있는지 숫자로 드러난다. 나는 이 데이터를 오답노트처럼 다룬다. 다음 스크립트에 반영하고, 도식과 예시를 바꾸고, 질문을 재구성한다.

사업도 마찬가지다. 아이디어 → MVP(최소기능제품) → 소규모 고객 인터뷰 → 단가·전환율·반품률 점검의 짧은 실험 루프를 반복한다. 학습 속도 learning velocity가 곧 경쟁력이라는 전제에서, 유튜브와 사업은 내 학습을 가장 빠르게 가속하는 쌍두마차다.

2. 지식을 '배포 가능한 형태'로 전환하기 위해서다.

책은 깊이를 준다. 강의는 상호작용을 준다. 그러나 유튜브는 '배포 Distribution'를 준다. 알고리즘은 좋은 콘텐츠를 찾아 필요한 사람에게 데려다준다. 나는 회계·법·평가·투자·M&A의 복잡한 내용을 이야기 – 사례 – 도식으로 재가공해 누구나 접근 가능한 형태로 바꾼다. 지식은 전달 가능할 때 자산이 된다. 유튜브는 나의 콘텐츠를 확장하고, 사업은 그 콘텐츠를 서비스/제품으로 구현하게 만든다. 결국 '설명 가능한 지식 → 재현 가능한 프로세스 → 거래 가능한 가치'의 사슬이 완성된다.

3. 신뢰가 곧 거래비용을 낮추기 때문이다.

유튜브는 나의 공개 포트폴리오다. 꾸준한 발행, 투명한 근거, 실패 사례 공유는 장기적으로 신뢰를 축적한다. 신뢰는 컨설팅/자문/교육/투자에서 의사결정을 빠르게 만든다. '검색으로 찾아온 낯선 시청자 → 뉴스레터 구독자 → 세미나 참가자 → 프로젝트 의뢰인/투자 파트너'로 이어지는 신뢰-전환 파이프라인이 형성된다. 이 파이프라인은 사업에서 가장 비싼 비용인 고객획득비용^{CAC}을 구조적으로 낮춘다. 내가 유튜브를 멈추지 않는 이유는 콘텐츠가 곧 신뢰이고 신뢰가 곧 매출과 기회이기 때문이다.

4. 글-강의-영상-사업이 서로 플라이휠을 만들기 때문이다.

현장에서 목격한 쟁점을 정리해 영상을 만든다 → 반응과 질문을 수집한다 → 더 깊이 판 내용을 칼럼/논문/책으로 정제한다 → 이를 바탕으로 커리큘럼/워크숍/도구(계약서 템플릿, 딜 체크리스트, 가치평가 시트)를 만든다 → 다시 사례가 쌓여 다음 영상과 사업 서비스가 정교해진다.

이 선순환이 돌아갈수록 단위 콘텐츠의 수명은 길어지고,

단위 사업의 수익성은 좋아진다. 나는 이 플라이휠이 멈추지 않도록, 편성표(주제 맵) – 촬영/편집 SOP – 배포 캘린더 – 고객 피드백 루프를 시스템으로 고정한다.

5. '자유'와 '영향력'을 동시에 확보하는 길이기 때문이다.

나는 가난이 사고를 어떻게 좁히는지 경험했다. 자유를 지키려면 현금흐름의 다각화와 선택권이 필요하다. 유튜브는 레버리지를, 사업은 현금흐름을 준다. 사람·시간·자본을 더하지 않고도(또는 최소로 더해도) 결과를 크게 만드는 비선형 도구가 콘텐츠다.

그 위에 교육/자문/디지털 제품/커뮤니티/투자 비즈니스가 얹히면, 지식의 복리가 돈의 복리와 만난다. 더 많은 사람에게 더 낮은 비용으로 더 큰 도움을 줄 수 있을 때 영향력은 사적 이익을 넘어 공적 가치가 된다. 이것이 내가 계속 확장하는 이유다.

나는 여전히 공부 중이다

30여 개의 자격증이 알려준 이제 비워야 할 것들

모든 장章을 덮고 난 지금, 이 책이 담고 있는 삶은 더 이상 단순한 성공 신화가 아니다. 그것은 깊은 내면의 성찰과 소명을 찾아가는 치열한 여정이었다.

처음은 1998년 IMF가 터뜨린 거대한 파도, 즉 20억 원이라는 빚의 무게에서 시작된다. 어둠과 결핍 속에서 오직 '돈을 벌어 이겨내야 한다'는 절박한 생존 본능이 유일한 엔진이었다. 회계사, 감정평가사, 변호사 등 30여 개의 자격증을 쌓아 올린 것은 그 엔진이 만들어낸 눈부신 결과였다. 사회가 정한 성공의 정점, 가장 안정적이고 영광스러운 자리에 오르는 것이 곧 구원이라 믿었다.

그러나 그 정점에서 멈춰 서게 된다. 끝없이 채워도 채워지지 않는 공허함을 마주하게 된 것이다. 그때 깨달은 것은 성공이란 '체면과 권력'이 아니라 '가슴 소리를 따라 후회 없이 사는 것'에 있다는 진실이었다. 돈을 추구하는 경영이 아니라 기업의 깨진 균형을 회복시키는 가치 중심의 일에 뛰어들면서 비로소 소명이라는 것을 발견했다. 안정된 자리를 박차고 나와 새로운 도전을 하는 것, 그것이 곧 진정한 성공의 정의를 다시 쓰는 일이었다.

이 치열한 삶을 지탱했던 것은 '비우고 집중하는 삶의 철학'이다. 새로운 시작을 할 때마다 불필요한 모든 것을 정리한다. 오직 '가장 중요한 일' 세 가지 이하에만 극단적으로 집중하는 것이다. 이것이 수많은 도전을 관통한 핵심 비결이었다.

또한 어린 시절부터 따라다녔던 트라우마와 어두운 그림자들을 대하는 자세도 바뀌게 된다. 과거의 후회나 미래의 걱정 같은 부정적 감정이 밀려올 때, 그것을 억지로 '이겨내려' 하지 않는다. 그 대신, 그저 흘러가는 구름처럼 관조하고 집중할 대상(해야 할 일)으로 시선을 돌린다. 모든 것을 가진 이후에야 비로소 얻게 된 마음의 평정인 것이다.

결국 이 모든 질주의 끝에서 남는 것은 무엇일까? 그것은

'사랑하는 가족'과 '지금 이 순간 함께하는 사람'들이 가장 소중하다는 깨달음이다. 이제 더는 결핍을 채우기 위한 달리기가 아니다. 이미 충분히 얻었기에 이제는 이 모든 것을 세상과 나누고, 건강한 사회에 기여하며, 멋지게 인생을 즐기는 '소명을 향한 달리기'만이 남은 것이다.

여러분도 스스로에게 질문을 던져 보길 바란다. 여러분의 삶을 움직이게 하는 진정한 엔진은 무엇인가? 이 책은 후회 없이 살기 위한 단 하나의 길을 제시한다. 바로 불필요한 것을 '비우는 용기'와 가슴이 시키는 일에 '전력을 다하는 집중력'이다. 그렇게 할 때 우리 모두는 삶이라는 아름다운 여정을 후회 없이 즐길 수 있을 것이다.

합격을 넘어서 인생의 합격을 위하여

수험의 끝은 늘 새로 시작되는 공부의 초입이었다. 합격 문자 한 줄이 뜨던 날, 나는 잠깐 환호했고 곧바로 책상 서랍을 열어 낡은 오답노트를 꺼냈다. 몇 년을 붙들던 문제들이 이미 다른 모습으로 변해 있었다. 시험은 '정답을 고르는 기술'을 훈련시켰지만, 사회는 '정답을 만들어내는 능력'을 요구했다. 그날 나는 깨달았다. 합격증은 종착점이 아니라 통과권이며, 진짜 시험은 그다음 페이지부터라는 사실을.

합격 직후 처음 맡았던 프로젝트를 아직도 잊지 못한다. 회계법인 회의실에서, 숫자와 엑셀의 숲을 지나 고객의 "그래서 우리는 뭘 해야 합니까?"라는 질문 앞에 섰다. 모범답안은 어디에도 없었다. 그 순간부터 나는 문제를 다시 정의하는 법을 배웠다.

정답을 아는 사람이 아니라 정답이 되게 만드는 사람으로 변해야 했다. 다음 주에는 감정평가 현장에서 오래된 공장의 냄새와 사람들의 한숨을 맡으며 또 다른 문제를 만났다.

한 필지의 땅값 뒤에 가족의 생애와 도시의 방향이 숨어 있었다. 법정에서는 조문을 외운 만큼만 말하면 된다고 믿었지만, 막상 필요한 것은 상대의 사정, 배심원의 표정, 판사의 호흡을 읽는 감각이었다.

그날 이후 나는 수험서 대신 사람을 읽는 노트를 만들기 시작했다.

"수험의 끝은 새로운 배움의 시작."

이 문장이 내 일상의 리듬이 되었다. 아침엔 최신 판례를 읽고, 점심엔 현장의 제약을 점검하며, 밤에는 오늘의 판단을 글로 정리했다. 책상 위 지식이 현장에서 의심받고, 현장의 경험이 다시 책상으로 돌아와 이론을 수정했다. 그렇게 배움은 일방향 축적이 아니라 왕복선이 되었다.

어느 시절엔 강의실 뒤편에서 떨리는 목소리로 첫 수업을 시작했다. 나는 '교수'라는 호칭 앞에 한동안 어색했다. 칠판에 도식 하나를 그려 넣고 뒤돌아보니, 학생들의 눈빛이 나를 시험했다.

"지금 이 사람이 말하는 게 내 삶에 어떤 도움이 되는가?"

그 시선은 나를 다시 공부하게 했다. 강의가 끝난 후 한 학생이 메일을 보냈다.

"선생님, 오늘 배운 걸 회사 문제에 적용해 봤더니 팀장님이 놀라셨어요."

그 한 줄이 나를 다시 도서관으로 보냈고, 커리큘럼을 갈아엎게 만들었다. 나는 알았다. 가르침은 전달이 아니라 설계라는 것을. 설명이 막히면 내 이해가 막힌 것이었고, 반응이 없으면 내 구조가 틀린 것이었다.

"나는 여전히 공부 중이다. 하지만 이제는 세상을 가르치며 배운다."

이 문장은 허세가 아니라 생존 방식이었다.

사업을 시작한 날의 공기도 기억난다. 오피스의 전등은 새로웠지만, 통장 잔고는 낯설 만큼 가벼웠다. 계약서 템플릿을 다듬고, 체크리스트를 만들고, 거래 구조를 도식화하며

'반복 가능한 가치'를 찾았다.

잘될 때도, 엎어질 때도, 나는 실험 로그를 남겼다. 무엇이 작동했고 무엇이 착각이었는지, 어떤 가정이 위험했고 어떤 질문이 살렸는지. 실패는 체면을 깎았지만 의사결정의 해상도를 올려주었다. 유튜브에 올린 영상 하나가 예상 밖의 반향을 얻던 날, 댓글의 반론을 모아 다음 강의의 사례로 바꾸었다. 플랫폼의 알고리즘보다 중요한 건 내 학습의 알고리즘이었다.

책을 쓴다는 건 또 다른 의미의 합격이었다. 원고 마감 전날 밤, 책상 위에 겹겹이 쌓인 메모들과 인터뷰 녹취를 정리하면서 깨달았다. 글쓰기는 지식을 고집스럽게 '내 말'로 체화하는 일이다. 한 문장이 살아남으려면 열 문장이 사라져야 한다. 그 소거의 과정이 내 사고를 단단하게 한다. 출간 후 독자의 메일을 받는다.

"선생님, 그 챕터에서 방향을 얻었습니다."

바로 그 피드백이 다음 연구의 주제가 되고, 다음 수업의 구조가 된다. 나는 기록으로 배우고, 배움으로 다시 기록한다. 어느 겨울, 학기 마지막 수업에서 한 학생이 물었다.

"선생님, 인생의 합격은 무엇인가요?"

잠시 침묵했다. 그리고 이렇게 답했다.

"합격은 '끝났다'고 말할 수 있는 순간이 아니라 '계속할 수 있다'고 말할 수 있는 조건입니다."

합격증은 기회를 준다. 그러나 지속은 일상의 구조가 준다. 그래서 나는 꿈을 계획으로, 계획을 습관으로, 습관을 시스템으로 바꿨다. 새벽에 읽고, 낮에 부딪히고, 밤에 정리한다. 주 1회는 반드시 무無에서 유有를 만든다. 새 커리큘럼 한 꼭지, 새로운 표준문서, 새로운 도구. 그 작은 생성이 모여 나를 '계속할 수 있는 사람'으로 만든다.

돌아보면, 나는 수많은 '합격'을 경험했지만 진짜 성취는 합격 이후의 태도에서 나왔다. 숫자는 실력을 증명했지만, 공유는 존재를 확장했다. 나에게 인생의 합격이란 더 많은 타이틀이 아니라, 더 많은 사람의 선택지를 넓히는 삶이다.

내가 먼저 길을 걸어가며 실패의 비용을 치르고, 지도로 정리해 뒤따르는 이들이 같은 함정에 빠지지 않게 하는 일. 그것이 내가 배우고, 가르치고, 사업하고, 기록하는 이유다.

이제 나는 안다. 내일도 새로운 시험지가 올 것이다. 문제의 형식은 바뀌겠지만, 푸는 법은 같다. 모르는 것을 분해하고, 이해를 구조화하고, 설명으로 검증하고, 현장에서 전이한다. 그 과정을 다시 기록한다. 그렇게 나는 합격을 넘어서 인생의 합격을 향해 한 걸음 더 나아간다. 현실의 초점을 잠시 흐리고, 다음 꿈의 선을 또렷하게 보기 위해 나는 오늘도 눈을 감는다. 그리고 다시 연다.

책상 위의 노트, 강의실의 칠판, 현장의 계약서, 카메라의 빨간 불. 모두가 내 학교다. 나는 여전히 공부 중이다. 하지만 이제는 세상을 가르치며 배운다. 현장에서 그리고 사업에서, 투자에서, 내 주변의 사람들에게서….

마지막 조언
꿈을 나침반으로

꿈을 좇아라.

다만 구호가 아니라 절차로 좇아라. 20년 뒤의 한 장면을 문장 하나로 고정하고("나는 ___ 분야에서 문제를 구조화하고 해결하는 사람이다") 그 장면을 기준으로 10·5·1년, 분기·주·일을 역산해 오늘 한 일을 결과 단위로 적어라. 꿈은 감정이 아니라 의사결정의 기준이 될 때 힘을 갖는다.

제약은 핑계가 아니라 설계 변수다. 돈이 부족하면 범위를 좁히고, 시간이 모자라면 루틴을 만들고, 실력이 아쉬우면 학습 순서를 바꿔라. 상수를 고정하고 변수를 조정하라. 배움은 '설명'으로 검증하라. 남에게 3분짜리로 말하지 못하면 아직 모르는 것이다.

매일 핵심 한 문장-도식 한 장-사례 한 개로 스스로 설명해 보고 막히는 지점을 다음 학습의 출발점으로 삼아라.

하루의 끝에는 세 줄만 남겨라. 오늘 정말 아는 것, 착각한 것, 여전히 모르는 것. 이 세 줄이 내일의 우선순위를 정한다. 꿈을 좇는 사람은 많이 하는 사람이 아니라 먼저 할 것을 먼저 하는 사람이다.

실패는 데이터로 전환하라.

낙방·미스·손실을 부끄러움으로 덮지 말고 가설-결과-원인-수정으로 기록하라. 수정이 빨라질수록 성장은 가속된다. 합격·성과·타이틀은 도착이 아니라 통과권이다. 다음 스테이지의 더 복잡한 문제를 푸는 입장권일 뿐이니, 기뻐하되 오래 머물지 말고 곧바로 다음 가설을 세워라.

루틴이 의지를 이긴다.

새벽엔 읽고, 낮엔 부딪히고, 밤엔 정리하는 리듬을 고정하라. 주 1회는 반드시 무無에서 유有를 만들어라. →새 도식 한 장, 체크리스트 한 개, 3분 영상 하나. 작은 생성이 복리를 만든다. 꿈을 좇는 삶은 '한 번의 대작'이 아니라 '끝없는 버전 업데이트'다.

지식의 ROI를 챙겨라.

암기 → 이해 → 적용 → 전이의 순환이 돌지 않는 공부는 장식품에 불과하다. 배운 것을 오늘의 과업에 한 번 적용하고, 전혀 다른 영역에 한 번 전이해 보라(법의 구조를 협상에, 회계의 논리를 투자에). 전이가 일어날 때 꿈은 속도가 붙는다.

신뢰를 앞세워라.

큰 꿈일수록 오래가야 하고, 오래가려면 신뢰가 필요하다. "이득인가?"보다 "옳은가?"를 먼저 묻는 습관이 꿈의 추진력을 신뢰의 추진력으로 바꾼다. 신뢰는 거래비용을 낮추고 동료와 기회를 불러온다. 함께 가야 더 멀리 간다.

공유하라.

배운 것과 실패를 기록해 남겨라. 설명하는 순간 이해가 재구조화되고, 누군가의 선택지가 넓어질 때 너의 꿈은 사적 욕망을 넘어 공적 가치로 확장된다. 그러면 피드백이 다시 돌아와 너를 더 크게 만든다.

결국 조언은 한 문장으로 수렴한다. 본질만 보고, 계속할 수 있게 만들고, 함께 도착하라. 그러면 꿈은 좇는 동안 현실이 되고 너는 좇는 동안 성장한다.

꿈에 눈이 멀어라
시시한 현실 따위 보이지 않게

초판 1쇄 발행 2026년 1월 28일

지은이 곽상빈
펴낸이 최석두

펴낸곳 도서출판 평단
출판등록 제2015-000132호(1988년 7월 6일)
주소 (10594) 경기도 고양시 덕양구 통일로 140 삼송테크노밸리 A동 351호
전화 (02) 325-8144
팩스 (02) 325-8143
이메일 pyongdan@daum.net

ISBN 978-89-7343-589-0 (03190)